大家小书

唐寰澄 著

世界桥梁趣谈

北京出版集团公司
北京出版社

图书在版编目（CIP）数据

世界桥梁趣谈 / 唐寰澄著 . — 北京 ：北京出版社，
2016. 7

（大家小书）

ISBN 978-7-200-12008-0

Ⅰ. ①世… Ⅱ. ①唐… Ⅲ. ①桥—技术史—世界—普及读物 Ⅳ.①U448-091

中国版本图书馆CIP数据核字（2016）第064962号

总策划：安　东　高立志　　责任编辑：王忠波

· 大家小书 ·

世界桥梁趣谈

SHIJIE QIAOLIANG QUTAN

唐寰澄　著

*

北 京 出 版 集 团 公 司
北 京 出 版 社 出版

（北京北三环中路6号　邮政编码：100120）

网　　址：www.bph.com.cn

北京出版集团公司总发行

新 华 书 店 经 销

北京华联印刷有限公司印刷

*

880毫米×1230毫米　32开本　6.5印张　162千字

2016年7月第1版　2022年11月第4次印刷

ISBN 978-7-200-12008-0

定价：34.00元

质量监督电话：010-58572393

序　言

袁行霈

"大家小书"，是一个很俏皮的名称。此所谓"大家"，包括两方面的含义：一、书的作者是大家；二、书是写给大家看的，是大家的读物。所谓"小书"者，只是就其篇幅而言，篇幅显得小一些罢了。若论学术性则不但不轻，有些倒是相当重。其实，篇幅大小也是相对的，一部书十万字，在今天的印刷条件下，似乎算小书，若在老子、孔子的时代，又何尝就小呢？

编辑这套丛书，有一个用意就是节省读者的时间，让读者在较短的时间内获得较多的知识。在信息爆炸的时代，人们要学的东西太多了。补习，遂成为经常的需要。如果不善于补习，东抓一把，西抓一把，今天补这，明天补那，效果未必很好。如果把读书当成吃补药，还会失去读书时应有的那份从容和快乐。这套丛书每本的篇幅都小，读者即使细细地阅读慢慢地体味，也花不了多少时间，可以充分享受读书的乐趣。如果把它们当成补药来吃也行，剂量小，吃起来方便，消化起来也容易。

我们还有一个用意，就是想做一点文化积累的工作。把那些经过时间考验的、读者认同的著作，搜集到一起印刷出版，使之不至于泯没。有些书曾经畅销一时，但现在已经不容易得到；有些书当时或许没有引起很多人注意，但时间证明它们价值不菲。这两类书都需要挖掘出来，让它们重现光芒。科技类的图书偏重实用，一过时就不会有太多读者了，除了研究科技史的人还要用到之外。人文科学则不然，有许多书是常读常新的。然而，这套丛书也不都是旧书的重版，我们也想请一些著名的学者新写一些学术性和普及性兼备的小书，以满足读者日益增长的需求。

"大家小书"的开本不大，读者可以揣进衣兜里，随时随地掏出来读上几页。在路边等人的时候，在排队买戏票的时候，在车上、在公园里，都可以读。这样的读者多了，会为社会增添一些文化的色彩和学习的气氛，岂不是一件好事吗？

"大家小书"出版在即，出版社同志命我撰序说明原委。既然这套丛书标示书之小，序言当然也应以短小为宜。该说的都说了，就此搁笔吧。

桥　话

茅以升

最早的桥

人的一生，不知要走过多少桥，在桥上跨过多少山和水，欣赏过多少桥的山光水色，领略过多少桥的画意诗情。无论在政治、经济、科学、文艺等各方面，都可看到各式各样的桥梁作用。为了要发挥这个作用，古今中外在这"桥"上所费的工夫，可就够多了。大至修成一座桥，小至仅仅为它说说话。大有大用，小有小用，这就是这个《桥话》的缘起。诗话讲诗，史话讲史，一般都无系统，也不预订章节。有用就写，有话就长。桥话也是这样。

首先要说清楚：什么是桥。如果说，能使人过河，从此岸到彼岸的东西就是桥，那么，船也是桥了；能使人越岭，从这山到对山的东西就是桥，那么，直升机也是桥了。船和飞机当然都不是桥，因为桥是固定的，而人在桥上是要走动的。可是，拦河筑坝，坝是固定的，而人又能在坝上走，从此岸走到彼岸，难道坝也是桥吗？不是的，因为桥下还要能过水，要有桥孔。那么，在浅水河里，每隔一步，放下一堆大石块，排成一线，直达对岸，上面走人，下面过水，而石块位置又是固定的，这该是一座桥了（这在古时叫作"鼋鼍以为桥梁"，见《拾遗记》，近代叫作"汀步桥"），然而严格说来，这还不是桥，因为桥面是要连续的，不连续，不成路。但是，过河越谷的水管渠道，虽然具备了上述的桥的条件，而仍然不是桥，这又是何故呢？因为它上面不能行车。这样说来，矿山里运煤的架空栈道，从山顶到平地，上面行车，岂非也是桥吗，然而又不是，因为这种栈道太陡，上面不能走人。说来说去，桥总要是条路，它才能行车走人，不过它不是造在地上而是架在空中的，因而下面就能过水行船。

其次，怎样叫早。是自然界历史上的早呢，还是人类历史上的早。是世界各国的早呢，还是仅仅本国的早。所谓早是要有历史记载为根据呢，还是可凭推理来臆断。早是指较大的桥呢，还是包括很小的在内的，比如深山旷野中的一条小溪河上，横跨着一根不太长的石块，算不算呢？也就是说，是指有名的桥呢，还是无名的桥。这样一推敲，也就难落笔了。姑且定个范围，那就是：世界上最初出现的人造的桥，但只指桥的类型而非某一座桥。

在人类历史以前，就有三种桥。一是河边大树，为风吹倒，恰巧横跨河上，形成现代所谓"梁桥"，梁就是跨越的横杆。二是两山间有瀑布，中为石脊所阻，水穿石隙成孔，渐渐扩大，孔上石层，磨成圆形，形成现代所谓"拱桥"，拱就是弯曲的梁。三是一群猴子过河，一个先上树，第二个上去抱着它，第三个又去抱第二个，如此一个个上去连成一长串，将地上猴子甩过河，让尾巴上的猴子，抱住对岸一棵树，这就成为一串"猿桥"，形式上就是现代所谓"悬桥"。梁桥、拱桥和悬桥是桥的三种基本类型，所有千变万化的各种形式，都由此脱胎而来。

因此，世界上最初出现的人造的桥就离不开这三种基本形式。在最小的溪河上，就是单孔的木梁。在浅水而较大的河上，就是以堆石为墩的多孔木梁。在水深而面不太宽的河上，就是单孔的石拱，在水深流急而面又宽的大河上，就是只过人而不行车的悬桥。应当附带提一下，我国最早的桥在文字上叫作"梁"，而非"桥"。《诗经》"亲迎于渭，造舟为梁"，这里的梁，就是浮桥，是用船编成的，上面可以行车。这样说来，在历史记载上，我国最早的桥，就是浮桥，在这以前的"杠""榷""彴""阰"等等，都不能算是桥。

古桥今用

古代建筑，只要能保存到今天，总有用。也许是能像古时一样地用它，如同四川都江堰；也许不能完全像古时那样地来用它，如同北京故宫；也许它本身还有用，但现在却完全不需要了，如同万里长城。更多的是，它虽还有小用，但已不起作用，如果还有历史价值，那就只有展览之用了。古桥也是这样，各种用法都有，不过专为展览用的却很少。要么就是完全被荒废了，要么就是经过加固，而被充分大用起来。值得提出的是，有一些古桥，并未经过改变，"原封不动"，但却能满足今天的需要，担负起繁忙的运输任务。这是中国桥梁技术的一个特点。不用说，这种古桥当然是用石头造起来的。

在抗日战争时期，大量物资撤退到后方，所经公路，"技术标准"都不是很高的，路线上常有未经加固的古桥。但是，撤退的重车，却能安然通过，起初还限制行车速度，后来就连速度也放宽了。古桥是凭经验造起来的，当然没有什么技术设计。奇怪的是，如果用今天的设计准则，去验算这些古桥的强度，就会发现，它们好像是不能胜任这种重车的负担的。然而事实上，它们是竟然胜任了，这是什么缘故呢？

原来我国古桥的构造，最重视"整体作用"，就是把全桥当作整体，不使任何部分形成孤立体。这样，桥内就有自行调整的作用，以强济弱，减少"集中负荷"的影响。比如拱桥，在"拱圈"与路面之间有填土，而桥墩是从拱圈脚砌高到路面的。拱圈脚、填土和路面都紧压在墩墙上，因而路面上的重车就不仅为下面的拱圈所承载，同时还为两旁墩墙的"被动压力"所平衡。但在现时一般拱桥设计中，这种被动压力是不计的，因而在验算时，这类古桥的强度就显得不足了。提高墩墙就是为了整体作用。其他类似的例子还很多。这都说明，古代的修桥大师，由于实践经验，是很能掌握桥梁作用的运动规律的，尽管不能用科学语言来表达它。正因为这样，我国古桥比起外国古桥来，如古罗马、古希腊、埃及、波斯的古桥，都显得格外均匀和谐，恰如其分，不像它们的那样笨重。北京颐和园的十七孔桥和玉带桥都能说明这一点。

古桥保存到今天，当然不是未经损坏的。除去风雨侵蚀，车马践踏外，还会遇到意外灾害，如洪水、暴风、地震等等。也许原来施工上的弱点，日后暴露出来。这都需要修理。而修理对于建桥大师，正是调查研究的好机会。他们从桥的损坏情况，结合历来外加影响，就能发现问题所在，因而利用修理机会，予以解决。每经一次修理，技术提高一步。数千年来的修桥经验，是我国特有的宝贵民族遗产。

赵州桥，建成于1300多年前，从那时起，一直用到今天，可算是古桥今用的最突出的例子。更可贵的是，它今天还是原来老样子，并未经大改变。欧洲西班牙的塔霍河上，有一座石拱桥，建成于罗马特拉兼大帝时，距今已达1800多年，现仍存在，但其中有600年是毁坏得完全不能使用的，其服务年限之长，仍然不及赵州桥。在古桥今用这件事上，我国是足以自豪的。

桥的运动

桥是个固定建筑物，一经造成，便屹立大地，可以千载不移，把它当作地面标志，应当是再准确不过的。《史记·苏秦列传》里有段故事："信如尾生，与女子期于梁下，女子不来，水至不去，抱柱而死。"就因为桥下相会，地点是决没有错的，桥是不会动的。但是这里所谓不动，是指大动而言，至于小动、微动，它却是和万物一般，是继续不断，分秒不停的。

车在桥上走，它的重量就使桥身"变形"，从平直的桥身，变为弯曲的桥身，桥身的两头是桥墩，桥上不断行车，桥墩也要被压短而变形。就同人坐在长板凳上，把板凳坐弯一样。板凳的腿，因受板的压迫，也要变形，如果这腿是有弹簧的，就可看出，这腿是被压短了。桥墩也同样使下面的基础变形。桥身的变形表示桥上的重量传递给桥墩了，桥墩的变形表示桥身上的重量传递给基础了，基础的变形表示桥墩上的重量传递给桥下的地土了。通过桥身、桥墩和基础的变形，一切桥上的重量就都逐层传递，最后到达桥下的地土中，形成桥上的重量终为地下的抵抗所平衡。物体所以能变形，由于内部分子的位置有变动，也就是由于分子的运动。因而一座桥所以能接受车的重量，就是因为它内部的分子有运动的缘故。

车在桥上是要走动的，而且走动的速度可以很高，使桥梁全部发生震动。桥上不但有车有人，而且还受气候变化的侵袭；在狂风暴雨中，桥是要摆动或扭动的；就是在暖冷不均、温度有升降时，桥也要伸缩，遇到地震，全桥还会受到水平方向和由下而上的推动。所有以上的种种的动，都是桥的种种变形，在不同的外因作用下而产生的。这些变形，加上桥上重量和桥本身重量所引起的变形，构成全桥各部的总变形。任何处的总变形，就是那里的分子运动的综合表现。因此，一座桥不论是在有重车疾驰、狂风猛扑、巨浪急冲或气温骤变的时候，或是在风平浪静、无车无人而只是受本身重量和流水过桥的影响的时候，它的所有的一切作用都可很简单地归结为一个作用，就是分子运动的作用。

桥是固定建筑物，所谓固定就是不在空间有动作，不像车船能行走，但是，天地间没有绝对固定的东西。就是桥的一切负担都是为桥下的地土所平衡的。这是总平衡。拆开来看，桥身是处于桥上车重和两头桥墩之间的平衡状态的，桥墩是处于桥身和基础之间的平衡状态的，基础是处于桥墩和地土之间的平衡状态的。再进一步来分析，桥身、桥墩和基础的内部的任何一点，也无不在它四周的作用和反作用的影响下而处于平衡状态的。平衡就是矛盾的统一。矛盾是时刻变化的，因而平衡也不可能是稳定的，更不可能是静止的。就是在桥上的一切动的作用都停止的时候，在桥上只有本身重量起作用的时候，桥的平衡也不是稳定的，因为桥和地土的变形，由于气候及其他关系，总是在不断的变化中的。桥的平衡只能是瞬息现象，它仍然是桥的运动的一种特殊状态。

恩格斯说："运动是物质的存在形式。"一切桥梁作用都是物质的运动作用。

桥梁的作用

桥梁是这样一种建筑物，它或者跨过惊涛骇浪的汹涌河流，或者在悬崖陡壁间横越深渊险谷，但在克服困难、改造了大自然开辟出新道路以后，它却不阻挡山间水上的原有交通而产生新的障碍。

桥是为了与人方便而把困难留给自己的。人们正当在路上走得痛快时，忽然看到前面大河挡路，而河上正好有一座桥，这时该暗自庆幸，果然路是走对了。

造桥是不简单的。它像条纽带，把两头的路，连成一体，不因山水阻隔而影响路上交通。不但行车走人，不受重量和速度的限制，而且凡是能在路上通过的东西，都要能一样地在桥上通过。如果能把桥造得像路一样，也就是说，造得有桥恍同无桥，这造桥的本领，就够高了。桥虽然也是路，但它不是躺在地上而是悬在空中的，这一悬，就悬出问题来了。所有桥上的一切重量、风压、震动等等的"荷载"，都要通过桥下的空间，而传到水下的土石地基，从桥上路面到水下地基，高低悬殊，当中有什么"阶梯"好让上面荷载，层层下降，安然入土呢？这就是桥梁结构：横的桥身，名为"上部结构"；竖的桥墩，名为"下部结构"。造桥本领就表现在这上下部的结构上。

桥的上下结构是有矛盾的。要把桥造得同路一样牢固，上部结构就要很坚强，然而它下面是空的，它只能靠下部结构的桥墩作支柱，桥墩结实了，还要数目多，它才能短小精悍，空中坐得稳。但是，桥墩多了，两墩之间的距离就小了，这不但阻遏水流，而且妨碍航运。从船上人看来，最好水上无桥，如果必须造桥，也要造得有桥恍同无桥，好让他的船顺利通过。桥上陆路要墩多，桥下水路要墩少，这矛盾如何统一呢？很幸运，在桥梁设计中，有一条经济法则，如果满足这个法则，就可统一那个矛盾。这个法则就是上下部结构的正确比例关系。

桥的上下部结构是用多种材料造成的。材料的选择及如何剪裁配合，都是设计的任务。在这里有两个重要条件，一是要使上层建筑适应下面的地基基础，有什么样的基础，就决定什么样的上层建筑，上层建筑又反过来要为巩固基础而服务；一是要把各种不同性质、不同尺寸的材料，很好结合起来，使全座桥梁形成一个整体，没有任何一个孤立"单干"的部分。纵然上部结构和下部结构各有不同的自由活动，也要步调一致，发挥集体力量。桥的"敌人"是既多且狠的：重车的疾驶、狂风的侵袭、水流的冲击、地基的沉陷等等而外，还有意外的地震、爆破、洪水等灾害。桥就是靠着它的整体作用来和这些"敌人"不断斗争的。

桥的上下部结构要为陆路水路交通同等服务，而困难往往在水路。水是有涨落的，水涨船高，桥就要跟着高，这一高就当然远离陆路的地面了。地面上的交通如何能走上这高桥呢？这里需要一个"过渡"，一头落地，一头上桥，好让高低差别逐渐克服，以免急转直上。这种过渡，名为"引桥"，用来使地面上的路，引上"正桥"。引桥虽非正桥，但却往往比它更长更难修。

可见，一座桥梁要在水陆交通之间起桥梁作用，就要先在它自己内部很好地发挥各种应有的桥梁作用。整体的桥梁作用是个别桥梁作用的综合表现。

（本文原载于《人民日报》1963年）

目　录

引言

人类从原始社会到今天，已经在地球上布满了道路，路过不去的地方架满了桥梁。我们天天走过它，使用它，或停下来欣赏它。仔细想一想，从前它是个什么样子？能达到今天的规模经过了多大的困难？将来又会变得怎样？有关桥梁的学问已经成为一门专门学科。研究、设计和建造桥梁是一项高尚的对社会有益的值得羡慕的职业，但是也是十分辛苦和需要付出高度智慧和辛勤劳动的事业。不过世界上哪一件对社会有贡献的事不是这样？许多献身于各门科学的人们都在为共同美好的生活架设"桥梁"。

桥梁这一门实用的学科，建立在坚实的科学和技术基础之上。科学技术有其相对性，高科技是从"低"科技上发展起来的。没有低就没有高，不了解低就不了解高。所以谈高科技的桥梁，一定要先说一说当年相对简单的桥梁。

即使是看来很简单的桥梁结构，深入研究就会发现内中包含着很深刻的值得探索的高深的科学技术，这就是低里面包含着高。所有的高科技，仔细分解开来是一件件非常简单的一般人都能做的技术。就好像现在在高科技生产工厂里，我们看到各个生产岗位上的生产工人所做的不过是高科技关节中的一个个简单劳动的环节。这就是高里面有低。高和低有非常密切的辩证关系。

所以我们得从史前的桥和简单的桥一件件说起，方始能够了解高科技的桥梁。否则一上来就说得太深奥，隔行如隔山，不要说大家，就是有些专家们，也会丈二和尚摸不着头脑。

看起来桥梁似乎很简单，实际上它种类繁多，层出不穷。不论是小桥流水，或是跨海长龙，欣赏时情趣不同，深入进去学问无底。下面将慢慢道来。

一、什么叫桥

　　桥梁的历史是非常有趣的。已有大部头的著作讲到中外造桥的故事，可惜这本书容量太小，只能叙说一二。桥是一种跨越工程，遇到自然的障碍，譬如河流、峡谷，得想办法越过它。水浅好办，抛一行石头，踏步而过，称作矴，架一根独木梁，那就叫杠。并列几根木料架空而过可走车马，此称梁。不但梁上要过人、马、车、轿，还可以在梁上造个凉亭。人停（人加亭）下来休息休息，观赏风景和过桥船只，那就叫桥。原来樄一字就是照这意思创造出来。桥头有树木（木），桥上有亭（亼），桥下有船（凵）。桥已是拱形（∩）。不过造桥字的时候也许还没有石拱桥，而只是中间孔高，两头孔低的木梁桥。

　　不是说有路就有桥吗？其实还有相当长一段历史时期，甚至直到现今世界某些地方，路到水边还没有桥梁。春秋时候有个小国掌权人，只能用他自己的马车，水涨时载人过齐腰深的河流。可是大水如长江黄河，那时无法造永久性的桥梁，只能用船摆渡。"黄河宽怕什么，用一根芦苇就可以渡过去了。"这是当年一位想回娘家的后妃说的一句豪言壮语。

人们想跨越障碍，就得想出办法怎样去跨越障碍。凭着观察自然，人们发现横过树木可以过河，这就是梁桥。山脚被河流掏空的山脊可以过人，这就是拱桥。牵挂着的藤萝也可以跨水，这就是索桥。还有靠连接能浮的东西架在两岸中间，就成为浮桥。

总名叫桥，实际上有四大类型：梁桥、拱桥、索桥、浮桥，或者其组合，变化无穷，成为桥梁的大系统。

说起浮桥还有些神话故事。

说是中国在西周时，周穆王西到新疆去看西王母，在黄河上游弱水上，以及东到九江（现在江西省九江市鄱阳湖口长江）都叫大甲鱼（鳖，古时大者称鼋）和猪婆龙（鳄鱼一属，古时称鼍）排浮在江河上，让他数万人的队伍过河，叫作"鼋鼍为梁"。好大的神通！其实是用整只牛羊去头，去骨去肉，囫囵剥皮，油浸晒制，可以卷起来携带。到河边吹气成皮囊，可以浮在水上，用索连起来，索两头系在两岸，在皮囊上架木板，让军队过河。牛、羊皮囊名叫"浑脱"，现在甘肃还有。用"浑脱"架浮桥与"鼋鼍"同音而形状相似，于是误传使科学技术变成迷信神话了。今天军用浮桥用橡皮船吹气拉索搭成，每只橡皮船上可装动力，自己对准定位，不就成高科技了。最早的浮桥还出在中国呢。浮桥一直就是临时性（包括军用）桥梁。

人们从形式上模仿自然界，能够不违背客观规律，原因是有了技术。可是还不很明白所以会如此，这是不够科学。当人们了解到梁、拱、索桥内部的受力情况，就在科学上进了一步。能够计算和控制桥梁里面的力量和桥梁的变形，懂得如何利用天然或人工的材料去修桥，便称作技术。

我们从日常生活中理解到，任何物体受到外力后，内部会产生抵抗力。抵抗力主要分3种，那就是拉力、压力和剪力。支承物体的地方产生反力。反力分垂直反力和水平反力，即推力。内力里，拉力和压力的组合便是弯矩。图1表示：梁桥受外力后上压下拉承受弯矩。

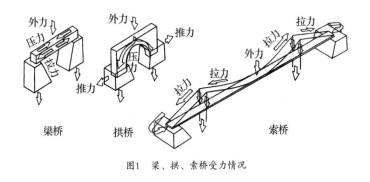

图1　梁、拱、索桥受力情况

拱桥受外力后拱内主要受压力，但对支承的基础产生垂直反力外，还有水平推力。

索桥受外力后主要由索的拉力来承担，索拉力传到桥台，产生上拔和向河中的水平力。

二、古代桥梁科技

前面已经说过，不能认为早期桥梁没有科技。从某种意义上来说，其科学和技术有相对的先进的发展和进步。科技进步的阶梯是一步一步跨上去的。

先说梁桥。

中国和外国的梁桥利用的自然材料，只有木和石。所以梁桥也有木梁和石梁。

木料比较轻和容易加工，所以先出现的自然是木梁桥。又因为木料会腐朽，所以能保存到今天的木梁桥最早不过三四百年（已经很不容易了）。历史上木梁桥的记载，随着各个国家存在着历史记录开始，包括一切刻在砖石上和画在古画上的桥。

中国在这方面确是领先的。太早的木桥不去说它，因为实在太简单了。

六朝诗人说："秦皇金作柱，汉帝玉为栏。"秦始皇、汉武帝时中国造桥的规模已经十分宏大。秦始皇时（前246年）在今陕西咸阳渭水上对着城门造了一座大桥，长约525米，宽

图2　山东嘉祥武梁祠石刻梁桥（汉代）

图3　欧洲亚历山大出征壁画（前331年）

约13.8米，共计68孔。记载中传说秦始皇还用铁做桥柱（金作柱）。到汉时渭水上有3座同样规模的木梁柱桥。传说中汉武帝用玉石来装饰栏杆（玉为栏）。那一个时代，桥梁以木梁为主。西方的古画中亦保存有木梁，画的是亚历山大出征（图3）和中国汉代石刻上将、士、车、马战争的场面（图2），题材背景和桥梁何其相似！

中国北宋王希孟画的《千里江山图》上画的是在江苏吴江的利涉桥。桥有大小40余孔，"木万计"桥中心部分加宽造亭，可以休憩（图4）。

图4　北宋王希孟《千里江山图》木长桥（摹本）

石梁桥在国外保存的已不多，都是一些偏僻小溪上的小桥。图5为英国英格兰巴尔河上的老石桥（Tarr Steps）。中国还保存有大量规模比较大的石梁石柱或石梁石墩桥。

最长的如福建泉州安平桥，俗称五里桥，现在实有331孔，长2100米，建于宋太平兴国年间（976—983年），是国家重点

图5 英国巴尔河老石桥

文物保护单位。

福建漳州虎渡桥（图6），桥长336米，原来有15孔，每孔约20余米，3根石梁并列，每根石梁重200多吨。建于1208—1223年。即使在今天，安装45根200吨重的石梁还是需要较高的装吊技术，不知道古代是怎样解决的。在我国江南还有很多如图7那样的石梁石墩桥。轻巧美观。据说虎渡桥是造在老虎在水浅时涉河而过的河底石脊上，梁重，墩也笨重，江南石梁桥造在软土地基上，梁轻，板墩也轻，十分科学，也需要技巧。

桥梁中比较美丽的是拱桥。

图6　福建漳州虎渡桥

图7　中国江南石梁柱桥

　　人们说，拱桥是学习自然界的溶洞式石脊。不过，经整块石梁开一个洞到人工琢刻（或就取自然的石块、卵石）砌成拱桥是技术上进了一大步。世界上是谁先发明"拱"结构，现在已查说不清。认识到拱在垂直力作用下会发生推力，是实践中得出的宝贵经验，中国和外国都很早达到此水平。然而演变的过程中外不一。外国的桥梁历史告诉我们，石拱桥是由假拱演变而成（图8），在古希腊的建筑中只见假拱，不见真拱。拱最早见于古罗马时代。

假拱   真拱

图8　国外拱的形成

　　中国石拱的形成有很多种说法，最可靠和有地下墓葬和地上拱桥实物所证实的是由八字撑架演化为五、七、九折边，到半圆或圆弧拱（图9）。若为不信，可到浙江绍兴去参观一下。那里是文化古城，还有不少在世界上独一无二的折边拱，以及演化中间过渡的弧形石板折边拱桥。

　　世界各国都有美丽的石拱桥，保存最早的是古罗马时代。图10为西班牙锡果维亚的古罗马时代水道桥。因为石块粗犷，石桥高大，怀疑是恶魔才能修建，即中国人称作"鬼斧神工"，不是一般人力所为。

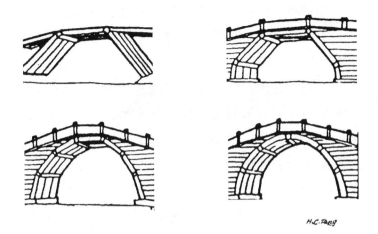

图9 折边形成拱

图10 西班牙"恶魔之桥"

图11是现存法国加尔德地方古罗马时代的水道桥。桥跨较大，最大为21.4米。下层现已照原样加宽，可通汽车。这两座桥都是公元前的作品，迄今已2200多年了。

中国没有保存这样早的半圆拱石拱桥。得承认西方在这一时期领了先。中国有历史记载的石拱桥，暂时定为东汉河北满城的石窦桥（54年）。所以称暂定，因为不断有桥梁的遗址在工程施工中被发掘、发现。而墓葬中的砖石拱西汉时就有了。

然而中国有世界上最古老完美的敞肩弧形拱石拱桥，河北赵县安济桥，或称赵州桥。桥起建于隋代开皇十五年（595年），完成于隋大业二年（606年），一共修建了12年，是世界上第一座不是半圆拱的石拱上叠了4个小拱的敞肩拱桥。净跨37.02米，全桥宽9.6米。桥上雕刻精美，不但是中国自己的重点文物保护单位，同时是世界公认的"国际历史土木工程里程碑"，1991年在桥头立碑作为永久的纪念（图12）。

同一时期还有两座隋桥，河北临颖小商桥和井陉桥楼殿，以及其他几座有大小孔的石拱桥。发现小拱要真正"走"上大孔，是摸索了好多年的科学认识和技术的进步。国外同类桥梁，晚于中国1000多年。

石拱桥独占鳌头的时间很长，约有2000年左右。即使到了铁路时代，早期的铁路桥也利用或建造石拱桥。石拱桥十分笨

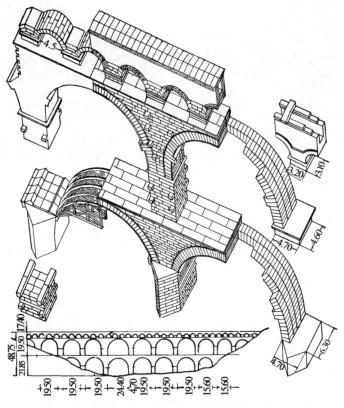

图11 法国加尔德古罗马时代水道桥（单位：米）

图12 河北赵县安济桥（摄影：赵县文物局李晋栓）

重，所以多数造在有岩石地基的地方。如图13中意大利的马达兰那桥。中国的很多石拱桥却修建在不是岩石的基础上，如赵州桥下面是砂质土壤。江南的石拱造于软土地基上，当年桥工们的办法是打密集的小木桩加固河床。拱券十分薄，桥墩也十分薄，这样桥就很轻巧。江浙一带的石拱桥都是如此（图14）。广西桂林七星岩一座四孔石拱桥脚很薄，俗称之为"小脚桥"。

石拱桥取材于自然开采，琢石、砌桥都是手工。桥上还凿刻非常精美的浮雕或圆雕，是规模较大的手工艺品。现代桥梁以工业生产为主，石拱桥已不再多修造了。然而天生的材料和

图13　意大利马达兰那桥

图14　中国江南典型三孔薄拱薄墩石拱桥

科技进步之后现在用的混凝土和超强混凝土等相比较，不论在硬度、色彩还是耐久性等各方面都比"高科技"的产品要好，主要的缺点是加工困难。也许有这么一天，加工石料的手段也配套起来，石拱桥或改良了的石料结构会重新走上历史舞台。

木杆件系统

木伸臂梁——河历、刁桥、折桥、鹊巢桥、花桥

利用自然材料造桥除了石料就是木料。

利用自然的树木杆件构成桥梁，除了简单地两头搁在桥柱或桥墩上成为梁桥外，还有比较复杂的构造。在东方，有把木梁一层层叠起来，从两岸向河心，后面用石块压住，向前一层比一层挑远，中间相隔一段距离，用木梁搁上，称作木伸臂梁桥，在中国称作"河历"，或叫刁桥。桥外形成折线形，所以又称折桥（图15）。最早的折桥记载是在307—313年西晋永嘉年间，造在甘肃省黄河的上游，跨度达到五六十米。在印度、不丹以及日本等邻国也有类似桥式，只是年代要晚得多。木伸臂梁桥有单孔的，大半造在山谷河流上。假如用木笼盛石做桥墩，或用石砌的桥墩，就可以造在比较宽大的河流上，成为多孔的折桥，使桥跨从简单支梁桥的10米左右，一下增加到30～

50米。中国广西、湖南还有很多修复保存得好的多孔木伸臂梁桥（图16、图17）。广西三江程阳桥是国家重点文物保护单位。民间喜欢替各种桥起些通俗的象征性的名称，多孔木伸臂梁，在桥墩上的层层叠木好像喜鹊窝，所以又称"鹊巢桥"。桥上多造重檐廊、阁，上加木雕彩绘，花里胡哨，所以又叫"花桥"。可惜此法所用木料太多，现在保护自然森林，爱惜树木，不会再大量去造花桥。想不到的是伸臂造桥，是后世的一种重要桥式和"先进"的施工方法。

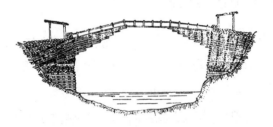

图15　中国折桥（木伸臂梁）

图16　湖南溆浦万寿桥

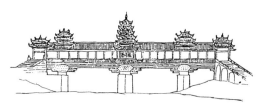

图17　湖南通道普修桥

木拱桥

飞桥、虹桥、贯木拱桥

中国和外国都有木料拼搭成的拱桥，目的亦是加大桥梁的跨度。怎样拼法，巧妙不同。欧洲有两种古老的木拱桥式（图18）。上图是起源于公元前103年一块残刻石雕，多瑙河上的木拱。下图是把两三层或更多层木料弯曲叠夹起来成为木拱。

中国还是走自己的道路。

中国有世界上绝无仅有的木拱桥——虹桥、飞桥、贯木拱桥，这是笔者在1954年首先发现和不断考证研究发掘总结出的一种桥式。

900多年前，1042年时宋朝都城汴京（现在河南开封）汴河上的木梁柱桥，每当发洪水时，运粮和载货的重船，往往撞折桥柱，船货亦受损坏，主管桥工的官吏受到处分。皇帝、宰

图18 欧洲两种拼装木拱桥

相募人造无脚桥，鼓励新的创造发明。当年有个名为魏化基的人，用模型造了一座木拱桥，试造时费用高，不成，被罢黜。这是第一次尝试。

　　大概在六七年后，安徽宿州的地方官陈希亮，也因为当地河道上经常发生船撞桥柱事件，两败俱伤，创造了一种用木料穿插搭架起来的木拱桥，用绳子捆绑，可能不用铁钉。桥上横铺木板加上栏杆，坚实可行，解决了河中不用桥柱的问题。他受到皇帝下诏书、赐绸缎的奖励，并且推广到全国。到1049年时，山西、河南、江苏、山东的汾水、汴水、泗水、青水上到处建造这种"飞桥"。当年汴京城里城外就有上土桥、下土桥和虹桥3座。大概62年之后北宋画家张择端画了一幅长卷叫《清明上河图》，图中心便是那座名为虹桥的"飞桥"（图19）。桥的结构可以用火柴梗自己搭架起来，不信照图20试一试。桥总得有个学名，笔者在考证此桥时见书上记这座桥是用"大木相贯"（穿插）而成，所以起名为"贯木拱"桥。

这种杆件系统的木拱，世界上唯独中国有，并且成为系统。北宋败亡，朝廷搬到南方，北方这些木拱都毁坏不见，但是贯木拱的桥式流传到南方，有所改进，桥面平坦，上建桥屋（图21）。现今浙江、福建山区仍有好多座单孔和多孔的贯木拱，有些是国家的重点文物保护单位。

图19　北宋张择端《清明上河图》汴水虹桥

　　　　　　　　　　　世界桥梁趣谈

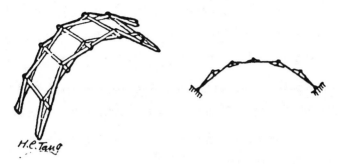

图20 飞桥结构

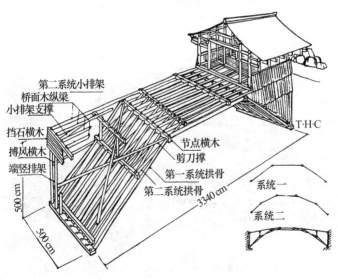

第二系统小排架
桥面木纵梁
小排架支撑

挡石横木
搏风横木
端竖排架

500 cm
500 cm

T·H·C

节点横木
剪刀撑
第一系统拱骨
第二系统拱骨

3340 cm

系统一
系统二

图21 浙江、福建贯木拱构造

假如有兴趣，可以到浙江云和、青田、泰顺（此处最多），或福建古田、屏南、武夷，或甘肃渭源去看一看实在的古老桥梁。1999年，由笔者建议，美国出资，在上海市青浦县金泽镇造成了一座完全忠实于北宋《清明上河图》上虹桥式的木拱桥（图22），有机会大可一观。因为在世界上"唯我独有"，所以能引起外国诸多的重视，美国投资拍成科教电影，向全世界进行介绍呢！

在世界上的诸工种之中木工是最聪明的。中国古代桥梁工程的祖先是春秋时山东（鲁国）的木工，姓公输，名班，所以

图22　上海青浦金泽镇上新建的"汴水虹桥"

称鲁班。"班门弄斧"就是笑那些敢在行家门前卖弄自己的浅薄的人。

外国的木工一样聪明。瑞士木工葛鲁勃曼于1757年在下夫豪申地方跨莱茵河上建造了双孔有廊屋的木撑拱桥，结构相当复杂，也许比中国的贯木拱桥在技术上要略逊一筹。桥后来在战争中被法军焚毁了（图23）。

木桁架桥

杆件系统中最不容易变形的是三角形（图24）。由三角形所组成的杆件系统称为桁架。不能否认桁架是外国的发明，在中国建筑中除了撑架以外找不到桁架构造。就是在自然界的现象中，也找不到桁架，所以桁架是人类的创造。

最早的桁架桥（图25）见之于16世纪意大利建筑师帕拉第奥写的《建筑四书》一书中4种木桁架。书中说是他的朋友亚历山德鲁在德国看见的。可见桁架在16世纪已经有了，然而真

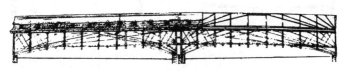

图23 木工葛鲁勃曼的木撑拱桥

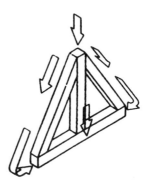

图24　三角形结构

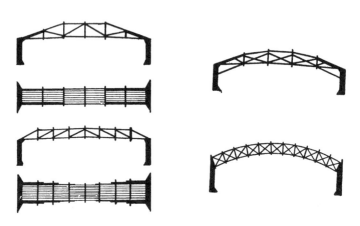

图25　帕拉第奥桁架图（1570年）

正有桁架桥是桁架图出现200年以后。

发展到现在，至少已有如图26所示21种桁式。

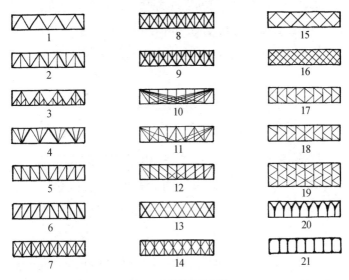

图26　各种桁架示意图

1——三角形桁架（华氏）（1846年—现在）；2——三角形桁架带副竖杆；3——三角形桁架带再分杆；4——三角形桁架带再分杆；5——白氏桁架（现在式）；6——霍氏桁架（现在式）；7——双斜杆桁架（帕式）（1844年—现在）；8——双斜杆桁架（霍氏）（1840年）；9——双斜杆带再分杆；10——博氏桁架（1840年—1850年）；11——芬氏桁架（1851年—1976年）；12——费氏桁架（1852年—1890年）；13——菱格形桁架（1873年—现在）；14——米字形桁架—菱格带副竖杆；15——菱格形桁架（静定式）（1890年—现在）；16——多腹杆密格形桁架（唐氏）（1820年—现在）；17——K形桁架（1830年—现在）；18——K形桁架；19——W形桁架；20——Y形桁架；21——空腹桁架（1896年—现在）

桁架的上下杆件叫作弦杆。中间的叫腹杆。竖的是竖杆，斜的是斜杆。桁架里的杆件只受轴向力，不是受压便是受拉。上下弦杆平行的是平弦桁架。上下弦可以做成曲线形，便成曲弦桁架，于是桁架的组合无穷，使桥梁技术产生了一个广阔的领域。

桁架也可是简支、伸臂和连续的，也可做拱。

悬索桥——软桥

世界桥梁工程师过去都到中国来借鉴悬索桥的形式和经验，虽然其他古老的国家也有类似建筑，可是没有中国早和花式多。

中国有历史记载的竹索桥是公元前200年。东方的竹是其特产，利用它绞成竹索，牵于两岸上通行人，在山区最合适。

四川灌县的安澜桥最早的记录是在宋代（990年），是座多孔连续的竹索桥，在近代高科技的桥梁中还没有如此规模的连续索桥。因为竹索容易朽断，年年需要更换，现在这座桥已照原样用钢丝绳代替竹索了。图27是20世纪50年代所摄的竹索桥。

其实在古时，早在秦汉之际，已经传说于陕西汉中通宝鸡的古道上建造过铁链悬索桥，时亦在约公元前200年。而现在世界知名的中国铁链桥是四川泸定桥。桥建于清代康熙四十五年（1706年），并不是铁链桥的早期桥梁，它既是历史文物，又是革命文物，备受保护。当年在建造的时候确是比一般的铁链桥下了功夫，用13根铁链牵于两岸的石桥台背后铁的"定龙桩"柱之上，桥跨净跨100米（图28）。

四川、云南、西藏、贵州山区现在仍存在不少铁链悬索桥，或铁眼杆桥。特别是铁眼杆桥，即用粗钢筋段两头弯成眼杆，用一个铁环相连，比铁链桥的制造更为简单，山区人民仍有建造，以解决可以对面谈话而走到一起需绕道一小时左右的交通问题。

最别致的悬索桥是中国云南、青海、西藏等少数民族地区

图27　四川灌县安澜桥（20世纪50年代摄竹索桥）

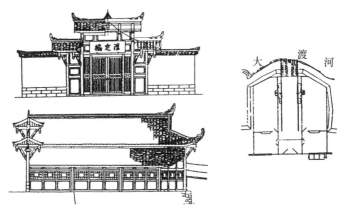

图28 四川泸定铁链桥及桥屋

图29　西藏墨脱藤网桥

的藤网桥（图29）。悬索桥在中国又称"软桥"，因为凌空悬挂，人行上面会随脚步起伏甚至震荡。大风吹桥面，会掀起跌落，不能行走。最早的悬索桥没有栏杆，图27的灌县安澜桥，在清代修复时亦没有栏杆。当年是地方上一位私塾老师提出的设计，桥上行人遇震荡跌落入河，酿成悲剧，塾师何先德问斩。这样的立法算得严格的了。何先德死后，其妻子不甘心，对桥再加改进，两边各加5根边索作为栏杆，于是比较安全，得到奖赏。四川地方上为了纪念他们两人，称此桥为"夫妻桥"，还编成戏文演唱。

藤网桥的做法，不分底索和栏杆索，把悬索用一个个藤环做成管形，人在其中行走，即使遇风摇摆，可以挽捉行走，不致落水。

悬索桥的科学始终是抗软的科学。抗软的科学已在桥梁领域发展出了各种高科技，我们将从后面新世纪的桥梁中读到。

中国的悬索桥正逐步走向世界。

三、近代的桥梁

用什么标准来给桥梁建设时代进行分期相当困难。假如我们用科技的发展来分，可分为早期，即工业革命以前；近代，工业革命到第二次世界大战以前；现代，第二次世界大战以后到今天；未来，即将来可能有的桥梁建设。

古代，从有历史记载起到17世纪为止有2000多年，历史最长。近代，从17世纪到20世纪中叶有300年左右。现代，从20世纪中叶到20世纪末只有50年。越到后来时间越短。可是因为科技发展越来越快，桥梁形式越来越多，桥跨越来越大。

古代桥梁中，中国的作品占有崇高的地位，这是事实。英国剑桥李约瑟博士写了一本举世闻名、博大精深的《中国科学技术史》，内中包括有桥梁。他通过中外对比，承认在16世纪以前，中国的科学技术在各方面处于世界领先地位。换句话说，那时候的高科技在中国。

18世纪英国产生了工业革命，欧洲的科技逐步发展。美国后起，和欧洲关系密切，又加上政治经济促进生产力的发展，桥梁科技水平也大有提高。而中国政治动荡，内外交困，相对地讲，科学技术都落后了。

虽然中国早就用铁铸、锻铁链，造浮桥和铁链吊桥，可是大规模生产还是在英国。英国工业革命，使用机械，大规模生产铸铁。铸铁性脆，受压好，受拉差，可以修造拱桥。生产铸铁的工厂在英国科尔布鲁克代尔（Coalbrookdale），跨塞文河两岸，所以第一座铸铁拱桥就造在该处并以工厂命名，称为科尔布鲁克代尔桥（图30）。

图30　英国铸铁拱桥（1779年）

　世界桥梁趣谈

桥不是模仿石拱，而是模仿多瑙河特拉扬木拱桥（图18上），桥跨30.7米，一时欧洲引为风尚，德、英、法等国造了不少，发展了利用铸铁建造桥梁的细节和技术。有些铸铁拱桥现在还存在。

大约过了100年，发明了钢。当年钢的受拉和受压的力量比铸铁高3~4倍，比木料高12~15倍，又可以大规模生产。于是，桥梁进入钢铁时代。

钢桥有钢箱形梁和钢桁梁。

那时铁路已经发明，需要建设大量的铁路桥。1847—1850年建造的英国不列丹尼钢箱形梁桥（图31）是4孔71.9米+140米+140米+71.9米的连续桥，就是箱内行走火车的铁路桥梁。

一项新技术的开始，总存在有风险、怕不成功而加以保证的安全措施，好比说，木桁架桥的上面夹上木拱等。这座钢箱

图31　英国不列丹尼桥（1847—1850年）及不列丹尼桥断面

形梁桥的桥墩顶部留有孔眼，为的是如结构不好，再加上铁眼杆帮忙，后来证明并不需要。桥墩升出梁上，上有两个"窗口"，倒好像是故意的装饰。

差不多时期的德国德绍铁路桥（图32）和科隆莱茵铁路老桥等都是密格桁梁而不是钢箱形梁。前者桥跨6×133米，后者4×99米。

从木桁架变为钢桁架，材料的变化，桥跨和造型都有飞跃，不过结构原理还是脱胎于早期木桥。

桥梁历史记载，当年大家因不习惯而大肆批评、现在已经公认是历史里程碑的有好几座名桥，其中之一是1882—1889年英国福斯海湾桥（图33），这是一座弦杆用管形杆件的双伸臂梁铁路桥。设计的人毫不讳言，结构系统是从中国的木伸臂梁（鹊巢桥）演变过来的。桥跨已经做到519米，是木伸臂梁的10倍。

桥造成后7年，清朝李鸿章出使英国。英国显贵陪他上桥参观，走了一遭。李鸿章大为赞赏，竟想在渤海湾口也造一座。中国铁路的先驱者詹天佑，曾经当过粤汉铁路督办，他提出的武汉长江大桥方案就是参照福斯海湾桥。

1907—1917年的加拿大魁北克桥主跨加大到548.8米，桥式类似福斯海湾桥。虽然两次失败，最后还是取得成功。

图32　德国德绍铁路桥（1844—1857年）

|—206—|—46—|—206—|—107—|—206—|—82—|—206—|—107—|—206—|—46—|—206—|

图33　英国福斯海湾桥（1882—1889年）

1933年建成的丹麦小带海峡桥是公铁两用的伸臂钢桁梁桥，桥跨较小，已不是起伏很大而是变化和顺的桥梁（图34）。

桁架拱桥

　　桥跨既要加大，又要注意造型，20世纪初有几座钢桁架拱桥看来十分有趣，已经成为世界有名的景点。图35是美国纽约岳门桥。桥建于1916年，桥跨305米，有桥头堡。美国的哥尔文科桥（1917年）跨径504米。澳大利亚的悉尼港桥，建于1923—1932年，桥跨503米（图36）。

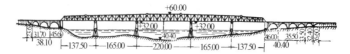

图34　丹麦小带海峡桥（1933年）

图35　美国纽约岳门桥（1916年）

图36　澳大利亚悉尼港桥（1923—1932年）

悉尼港桥比哥尔文科桥跨虽短1米，却是知名度更高。原因第一是规模大：前者四线火车17.4米宽的公路，还有两侧各3.05米的人行道，后者仅为四车道公路桥。第二是安装方法新：前者是从两岸伸臂吊装，跨中合拢，后者借助中间加支墩。第三是造型美：前者和岳门桥桥头都有美丽的和感觉上可以"抵挡"桥的推力的桥头建筑，后者为了节约省去了，造型就显得丑陋，丑得连图都不想附上。

虽然悉尼港桥亦只可以远看，近看因为钢结构的制造技术还不够今天的水平，复杂烦琐、细节零乱而不好看。外观的轮廓清晰美丽，加上后来建造的变化很多、光影和顺的薄壳群屋顶的悉尼歌剧院，冲天而起的气势和反弯曲线的钢桁拱非常协调，所以悉尼港桥仍然是当今世界最美丽的高科技桥梁之一。

不说恐怕不知道，悉尼港桥的造型是受了中国北京颐和园玉带桥的启发呢！这是原设计者自己说的。

桁架开启桥

近代桥梁中还有一座世界名桥，即英国伦敦泰晤士河口的塔桥（图37）。

英国有首民歌，其中几句是："伦敦桥在下降了，伦敦桥在下降了，叮唔叮，叮唔叮。"因为伦敦桥中孔是双页式的开启桥，桥很矮，大船开过时，中孔用液压机将桥打开。汽车停走，人可以坐升降机上到中间的梁上过桥。然而大多数人不愿上去，宁愿在下面看叮唔叮地开启桥和大船过去。这座桥的两边边孔是三铰的桁架式吊桥，是当年解决悬索桥"软桥"的办法之一。用两个半月形桁架，倒吊下来，中间用铰连接，再吊桥面。

这座桥理应叫伦敦开启桥，然而却叫塔桥。19世纪时，开启桥十分流行，在美国芝加哥河上建造了好多座开启桥。英国人在中国天津也修了一座开启桥，当年也是结合桥梁和机械的高科技结构。只是现在水陆交通都十分繁忙，开开闭闭，水陆交通会受一定影响。20世纪后期，虽然偶尔仍有建造，不过造得很少了。

开启桥的种类很多，有双页开启、单页开启、升降桥和旋转桥等。

图37　英国伦敦塔桥（1894年）

1976年伦敦塔桥的开启部分改液压为电动启闭，但整套原来的蒸汽机仍保留作为此桥博物馆的一部分。

造这座桥的时候，品头论足、指指点点、说三道四的人很多，现在亦作为英国和世界的历史工程文物加以保护起来。

钢悬索桥

16世纪藤萝悬索桥从东方传入西欧。

18世纪西欧又从中国引入铁链桥。近代的悬索桥用锻铁和钢。

近代悬索桥与早期的区别是桥面不是走在吊索上而是走在吊在悬索上的平桥面上，该式创自美国人芬利，时为18世纪末，19世纪初（图38）。

他造了一系列小跨度悬索桥，但粗略、脆弱。悬索桥技术的另一改进是改铁链和锻铁眼杆，加工少而刚度较大，且可在

图38　美国芬氏式悬索桥（1808年）

高度里多层、横断面上多排排列，使桥跨增加。英国英格兰和苏格兰之间的统一桥（1820年）和英国控威桥（1826年）桥跨为99米，那还不算什么，因为那时中国早期的铁链桥，桥跨已超过100米，最大达200米。

1826年爱尔兰的梅涅河桥，多层锻铁眼杆桥，桥跨已达176米。当用钢制眼杆时，材料加强，用料减少而桥跨更大。1903年造的匈牙利布达佩斯伊丽莎白桥跨径290米，达到了世界上该类悬索桥的首位。

悬索桥进一步的技术改进是用钢丝代替钢链板。1810年左右，美国和英国造过几座钢丝悬索桥，真正的改革却归功于法国。

为什么？工程在技术之外还需要有科学性。符合于自然界的客观规律可以算符合科学，凭经验失败了再改进，使得造桥时各部分材料的尺寸大小能承受得住桥自己的重量和加上去的各种载重，也算符合科学，不过其间还带有不少盲目性。不知道桥梁各部分的材料确切受的力量和力量的变化是怎样的，不知道到底是浪费了还是不足，这叫作"知其然而不知其所以然"。就是说，知道它应该这样但是不知道它为什么应该这样。

人们从工程结构，包括桥梁的建造过程中懂得了地球上各种自然力量的质和量的规律和计算方法，于是产生了"力学"，什么材料力学、结构力学、水力学、土壤力学、热力学、弹性力学和后来的空气动力学等。可以根据外部作用力求出内部规律先行设计计算，画出图来，照图施工，改进施工的方法，创造施工的工具，达到知其然"亦"知其所以然，真正地踏进科学的殿堂。科学加上技术，一切才能突飞猛进。

话又得说回来，起步的时候还是粗浅的，科学的手段还是不十分高级的。

悬索桥再一次进入转折点。

1800年以后，法国首先在学校里把结构和建筑分开。法国工程师纳维第一个提出分析悬索桥的科学理论。瑞士和法国工程师想出拔制钢丝和连接钢丝的技术，接着做试验桥。钢丝比链板优越、强度高，不用联结螺栓。他们还想出了一整套钢丝防锈的技术。1834年瑞士造成桥跨273米的弗里堡桥（图39），号称"大吊桥"。

这座桥被称作"最后一座老吊桥"或"第一座新吊桥"。当年此桥悬索共4根，每根20股，每股50根钢丝，组好了再往上吊，感觉很费力，人们想能不能用在空中拼组，或者叫作"空中放线法"的新技术。没有等欧洲人创造出来，从德国移民去美国的工程师约翰·罗布林（Roebling），在1851—1855年建

图39　瑞士弗里堡"大吊桥"（1834年）

成了尼亚加拉铁路悬索桥（图40），用"空中放线法"施工。桥跨虽然只有250米，不过是公铁两用，上层走铁路，下层走公路。为了使桥更加稳定，从两塔处还加上斜拉索，开创了新的桥形。当然，那时候火车比较轻、速度也比较慢，每小时仅8千米。桥造成，罗布林自己坐在一个桥塔的索鞍上说，当火车"全速"过桥时的震动，比他在铁路边上砖木结构的住宅里的感觉还要小。他没有想到，现在的火车过桥速度达120～200千米/时，是那时的15～25倍。

1883年罗布林又建成了美国纽约北河上的布鲁克林桥。桥跨为283米+486米+283米，桥总宽26.2米。车道布置如图41。

图40　美国尼亚加拉铁路悬索桥（1851—1855年）

图41　美国纽约布鲁克林桥（1869—1883年）

桥造成到现在已经100多年，在100周年前予以了适当加固，100周年时举行了隆重的庆祝。世界上规定重要桥梁的寿命是120年，估计后期由于材料失效，交通加重，桥就不适用了。可是有代表性的桥梁，具有历史意义，各国都着意维修保护、加强或限制使用。如中国的赵州桥现在已经有1400多年历史。估计布鲁克林桥会保存几个世纪或长远保存下去。

第二次世界大战以前，美国造过很多近代钢丝悬索桥。如1931年通车的纽约乔治华盛顿桥，主跨1067米，1936年修建的屈立堡悬索桥，都是悬索桥中的较成功者，不但在结构上并且在桥塔的造型上都下了功夫进行比较研究。1939年造成的美国纽约白石悬索桥，已经奠定新式桥梁的基础。当年欧洲也建造过一些中跨的悬索桥，造桥的技术越来越先进，桥越来越纤细，没想到其中埋伏着危机。

悬索桥所以称软桥，一般是指桥上受荷载后变形较大且发生振荡。1833年英国的伦洞桥被大风吹坏3孔，经过修复，1836年又被吹断，再修复时木桥面都联结起来，也并未引起工程界最大的重视。20世纪初的钢丝悬索桥，取得很大成功，桥跨已到1000米以上。人们的胆子越来越大，桥面梁越做越矮，看起来十分纤细轻巧。

1940年修建的华盛顿州塔科马桥，号称"狭桥"，桥跨853

米，而梁高只有2.44米，是桥跨的1/350（一般是1/40～1/90）。施工过程中，工人在桥面上已有产生晕船的感觉。桥造成后不久，1940年11月7日，风速并不太大（约67.5千米/小时=18.75米/秒），桥上下振动达0.914米，由一头到另一头波动，同时还有横向摆动。当时人们想用斜拉索加固，没有成功，慢慢地发生扭转振动。当时桥上有车已不能行驶，车主下车爬着到岸上，有人拿着手提电影摄影机，在岸上正好把桥梁由振动到断桥的全过程拍下，保存到今天（图42）。

桥的竖向和横向变形量都没有超过设计数值，唯独不知道也不懂桥怎样会在风中振动和扭转。事情过后，研究人员特别做了风洞模型试验，发现了当时落桥的现象。原来是钢板梁桥面背风的一面产生旋涡（图43），激起了扭转的振动。用桁架梁试一试，虽然也有涡流，小了很多，引不起振动。于是研究人员得出称为美国式的悬索桥——采用桁架梁，并且要有一定的高度的结论。这使桥梁的技术提高了一大步，并且产生了一门新的科学，即桥梁空气动力学。桥梁空气动力学对飞机和汽车的研究都有用。

塔科马桥的损坏，促使美国以至全世界对已经建成的悬索桥重新检算和加固。

1937年建成的旧金山金门桥，主跨1280米。在建设过程中因

图42 1940年11月7日美国塔科马桥风振断桥

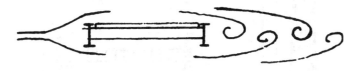

图43 涡流激振

横向较窄，受风弯曲较大，已经加固（图44）。1936年建成的美国旧金山奥克兰海湾桥，中间最大通航孔为704.09米，是多孔悬索桥（图45）。两桥都是桁式加劲梁，现在都能很好地畅通无阻

图44　美国旧金山金门桥（1937年）

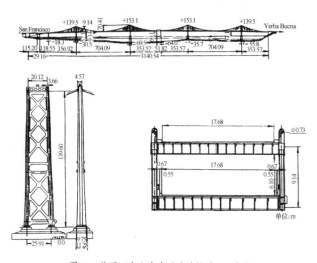

图45　美国旧金山奥克兰海湾桥（1936年）

地服务。所以美国式桁式加劲梁，框式或桁式支撑的桥塔，对风很是稳定，不需特别加固，成为近代悬索桥的典范。

钢筋混凝土桥

在几千年前，东西方人类都知道利用煅烧过的石灰和石膏产生初级的水泥用来砌墙、砌拱桥。1824年发明了用石灰、黏土和赤铁矿混合起来烧制成水泥。19世纪50年代，对用水泥加上骨料（砂和碎石）和水浇成的混（合起来）凝（固）的（特种）土有了比较多的了解，知道它耐压不耐拉，想到在浇混凝土时加些钢筋在里面。1861年已经有最早的关于钢筋混凝土（简称R. C.）的书出版。

法国园艺家莫尼埃第一个造了一座只有16米桥跨的人行桥。1890年德国不来梅工业展览会上展出广告性的跨径40米的人行钢筋混凝土拱桥。用钢筋混凝土以代替石料修拱桥，虽然增加了模型板的工作，加工却比石砌拱容易得多，整体性也比石砌拱桥要好。钢筋混凝土的可塑性也好，能造出不同于石拱造型的拱桥。新材料的出现，伴随着新的技术和新的形式。

图40的瑞士弗里堡大吊桥于90年后代之以高架钢筋混凝土联拱桥（图46）。

图46　瑞士弗里堡采立根桥（1924年）

混凝土拱桥模仿石拱的桥数不胜数。因为掌握了混凝土本身的技术，一步一步地跳出框框。如图47（a）、（b）是石拱模式，（c）、（d）、（e）、（f）已逐渐不一，（g）式完全看不出石拱造型，是1905年由瑞士人梅拉尔特建造的瑞士瓦纳沙桥。图48亦是同一作者于1933年所建瑞士苏尔河桥。他还造过很多美丽的新型钢筋混凝土拱桥，虽然桥跨都不大，在100米以下，技术和艺术水平却是十分高超。

1930年法国的博浪加斯脱公铁两用拱桥，3孔各180米。1934年瑞典斯德哥尔摩的塔伦勃桥，桥跨178米，都是法国著名的桥梁工程师弗兰西涅（Eugene Freyssinet）的作品。那时他

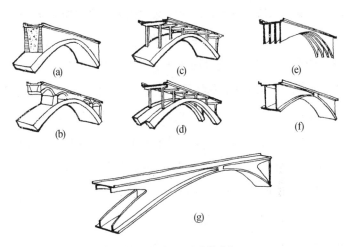

图47 钢筋混凝土拱桥演变

图48 瑞士苏尔河桥（1933年）

还在酝酿新的桥梁技术，到第二次世界大战之后作品陆续问世，大显身手，在下一节里再予介绍。

钢筋混凝土桥的桥跨日益增长。1937—1942年的瑞典桑德公路拱桥，桥跨264米，保持最长跨的纪录达22年。

钢筋混凝土梁桥，在第二次世界大战以前桥跨不超过30米。建造钢筋混凝土拱或梁主要都是搭脚手架，立模型板，扎钢筋，灌注混凝土的现浇法，所以梁和拱比，拱桥占绝对优势。

在第二次世界大战前的中国桥梁和中国的政治经济地位相适应，就是说从闭关自守的封建帝国变成半封建半殖民地的受列强欺侮的中国，除了极少数桥梁外，新建的公路，尽量利用原来驿道的石拱桥，新建的铁路，也设计石拱或钢筋混凝土拱。钢桥则往往都由外国工程师设计，材料或半成品在外国制造，运到中国由外国工程师指导组装。于是东北有俄国式的桥梁，后来是日本设计建造的桥，山东有德国工程师设计建造的桥，京汉、粤汉等有英国工程师建造的桥，西南有法国人修的铁路桥。大城市桥梁更是外国人修的居多。

中国也出了几位知名的桥梁工程师，如詹天佑和茅以升。茅以升先生以建设钱塘江桥而知名。钱塘江桥是中国人自己设计和监造的第一座规模较大的公铁两用桥梁，共16孔67米双层简支桁梁。总工程师为罗英，设计副总工程师为梅旸春。施工设计是国人做的，制造和施工都是外商，所以称国人监造。桥成没几个月，日军入侵，自行炸毁（图49、图50）。

近代这一时代中间包括着两次世界大战。第一次世界大战

图49　浙江杭州钱塘江桥

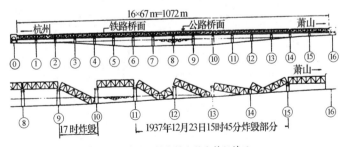

图50　钱塘江桥主桥全貌和炸毁情况

为时不长，范围不大；第二次世界大战为时接近10年，地域到欧、亚、非3个洲。战争破坏了数十万座桥梁，是一个残酷的时代，然而战争却是促进某些科技发展的一个因素。我们反对侵略战争，支持反侵略的正义战争，也争取达到世界永久和平。

第二次世界大战中，攻方德国一心想制造火箭，守方英国秘密地发明了雷达。空军成为战争的重要工具，飞机设计和制造推动了空气动力学和后来计算机的发明与计算技术的大革命。潜水艇的大量应用，以及美国加快石油生产而对深海建筑工程的发展，在战后都直接或间接地对桥梁事业起到帮助作用。

战争中桥梁的大量破坏，使人们从中了解到过去桥梁的很多弱点。战时临时抢修设计了各种不同的快速搭架的轻巧灵活的军用桥梁，开创了桥梁的新领域。战后大量被破坏的新桥梁需要快速改进修复，产生了新的桥梁结构和施工方法。

1945年，近代桥梁历史结束了，进入了新的时代。

四、现代的桥梁

从1945年第二次世界大战结束算起，进入了现代桥梁时代。桥梁科技的发展，世界各国是不平衡的。整体来说，20世纪后半叶桥梁科技的进步之快，对于一个桥梁工程师来说几乎应接不暇，不抓紧学习，就对付不了当前的局面。那种年轻时从师父那里学了一门手艺，一辈子靠此生活，还是用这套办法培养后一代的传统已经行不通了，必须不断地添加新的知识。好在发展之快的原因之一是信息灵通，地球任何角落的事，想知道立即就能知道。新科技的传播不分国界，只要愿意学就能学得到。由于市场经济，有商业和技术专利秘密，同样也是由于市场经济，有钱可以买到新的科技。专利有一定的年限，过了年限，新的科学技术属于全社会所有。何况桥梁技术总得实践建设，给人一点启发，循此自己研究摸索，也许会得出同样的结果，甚至得出不同而更巧妙的结果。竞争促使进步，促使百花齐放，百家争鸣，不等于乱糟糟的你叫我嚷，随心所欲地添彩加色，而是有纲有目，在一定的客观条件下，循着一条或几条主线，得出千头万绪的分支。达尔文的进化论从自然界理出了头绪，门捷列夫的元素周期表，从无机物质元素里面理出了头绪，桥梁界亦有桥梁界的头绪。

预应力桥

第二次世界大战之后，法国要修复大量的桥梁，可是正缺乏钢材。修建拱桥，跨度不够大，地基要好。修建钢筋混凝土梁桥，桥跨既小，桥又笨重而不耐久，因为此类桥梁受拉部分混凝土会产生裂缝，此时钢筋才起受拉作用。裂缝会进水和水汽，引起钢筋锈蚀，所以并不耐久。于是有人想到采用预加应力的方法，使受力部分先受压力。外力上去拉力抵消一部分压力，可是梁里还有压力在，混凝土不产生裂缝，梁也就耐久。

预加应力的道理很早已被认识，试举两个在中国过去日常见到的用具。木匠分工中有称为圆木作，就是专加工盆、桶之类的圆形盛水木器。用锯修成的圆木板拼成器形，用铁箍箍紧，使木块合缝处受压压紧、泡水，进一步使木块受湿膨胀胀紧，这是使木桶块之间产生预加压力的两种方法。木桶盛水后，水的外张力抵消一部分预压力，但不是全部，木桶可不漏水。

中国的木锯在钢锯条的另一侧加上绞绳，使用时用木片将绞绳绞紧，钢锯条内预加了拉力。锯子用时，推拉锯木，钢锯条中始终受拉绷紧，可以轻松地使用（图51）。外国用钢锯片锯木，因为未预加拉力，使用不得法时锯片弯曲，不能锯木。此类方法还有很多，如石拱桥中龙门石的楔紧给石拱预加压力等。

图51　中国预应力工具、器具

早在第二次世界大战以前，就有人曾经想用钢丝索先预加应力于混凝土梁而失败了。因为混凝土和钢丝在长期受压和受拉时都会慢慢地产生变化，称作"徐（慢慢地）变"，使预应力损失而失效。法国的弗兰西涅发现"徐变"也有一定限度，变形到某一限度时自然停止。只要把"徐变"问题考虑进去，预应力就能成功。

混凝土在灌注完了之后还会收缩，所以施加预应力要待混凝土收缩完成后为最好。1928年此法已经研究成功，惜未被大量使用。第二次世界大战之后的1946年，法国有600多座桥既缺钢材，又缺木料，无法用钢桥或大量需要木脚手的拱桥。弗兰西涅用预制一段一段的I字形节段，用预应力钢丝组拼成桥，相继建成了法国马恩河上几座预应力钢筋混凝土桥（图52），还加固了几座混凝土重力坝。预应力混凝土简称P.C.。

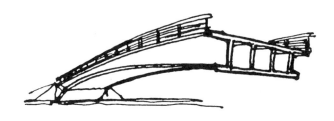

图52　法国马恩河桥（1946年）

预应力桥改变了钢筋混凝土（简称R.C.）的技术和形式，改变了混凝土桥梁的施工方法，使预应力桥桥跨向前跨了一大步。

弗兰西涅被誉为世界预应力桥梁之父。美籍华人林同炎博士自欧洲学习预应力桥梁的科学和技术应用于美国，被称为美国的预应力先生。这里还有一个插曲。林先生原名同校，茅以昇（后改升）先生告诉笔者，林先生虽已入籍美国，却同为"炎黄子孙"，因此茅先生劝他改"校"为"炎"，他完全乐意地接纳了。

预应力的新方法是不断摸索出来的。前面已经说过，预应力是一个原则设想，怎样使预应力各显神通，通过市场竞争，优胜劣汰，最后留下了站得住脚的几种方法。

预应力原分为两大类型。一种是先在锚座上张拉钢丝（索），再在钢丝（索）外灌注混凝土结构，放松锚座，预应力转移到结构上，叫作先张法。

一种是先灌注结构，结构里留管道，再穿钢丝（索），两头拉长，锚住，叫作后张法。

钢丝则有一根根地拉张锚着，两根一次，三根一次，六、八、十二或多根一索一拉。把钢丝绞成钢铰线，一根或多根一拉，甚至有整根梁的所有预应力钢丝在梁两端用大千斤顶一次拉张，真是百花齐放。已经有三四种方法在世界风行。图53是发展过程中1956年建成的法国伏尔泰桥，为5孔各60米的斜脚刚架桥，直线的预应力钢丝。拉张钢丝的方法也很特别，采用一如中国木锯预加应力的扭转（钢丝）法。

图53　法国伏尔泰桥（1956年）

现在使用最多的有粗钢筋。多根钢丝平行地束成钢丝索，两头加上钢锚头，或用7根钢丝绞成钢铰线，外加防锈保护。还有用几十根钢铰线做成索，两端用特别设计的锚头。有专门生产的厂家出售并且承建施工。用特制的油压千斤顶拉张，特制的机具在管道中压浆。桥梁中已基本上不用普通钢筋混凝土，而用预制、预应力或部分预应力混凝土。

桥式的变化非常大，由一般的梁桥、拱桥派生出刚架桥、撑架桥、桁架桥以及悬索和斜拉索相结合的桥梁。

预应力的出现摆脱了一定要在现场搭脚手架、立模板、扎钢筋、灌注混凝土的办法，可以在工厂里面预制成一段段、一块块，像钢结构一样在工地上拼装。

特别有趣的是1953年德国修复埃姆斯河的臬勃龙根桥（图54），桥跨102米+114米+102米，在河中桥墩上向两边跨中平衡伸出，在桥跨中间加铰接合。河中根本不用脚手架。这是第二次世界大战以前所不可想象的。假如再大的桥跨，两边伸臂又不能太长，中间缺了一段时，可以用钢架桥机吊装，或用大吊船——浮式起重机吊装，最后连成整孔。

图54　德国臬勃龙根桥
平衡伸臂预应力梁（1953年）

有了预应力混凝土，桥跨从普通混凝土的30米左右增加了10倍，可达300米，还不包括悬索结构在内。

计算手段

科技的发展不能不归功于计算手段。

中国人发明的珠算算盘是十分简单和精确的工具，可以计算加减乘除，采取的是十进位制，到今天仍然在很多地方有它的用武之地。

第二次世界大战前后，外国发明了手摇计算器，不用手拨而用手摇，显示出位数变化，亦只能计算加减乘除，还比不上珠算快。进一步改用电动，计算器的速度是成倍提高了，内容并没有增加。

工程界有了计算尺，把工程计算中的对数改变刻度，化为加减法，再辅以一定的表格。小小一根计算尺，用处比算盘大得多，计算的数学内容要比算盘复杂得多。于是工程师们人手一根，一天都不可缺少。可惜工程问题最简单的结构所需要的计算数量十分大，要好几位工程师算很久才能得出结果。

只有加快计算速度，一切科学技术问题才能加速发展。十进位制的计算方法还要化简。聪明的数学家，从中国的阴阳八卦体会出二进位制的方法。一阴一阳，在电气中便是一明一暗，一通电、一断电，重叠不同的次序可以代表十进位中不同的数字。用晶体管代替机械来制造计算机，这就是早期的电子计算机。一部运算简单方程的机器需要占大楼的一层楼。

半导体、集成电路的出现，使计算机功能越来越复杂，体积越来越小，运算次数越来越多，可达每秒钟上亿次的惊人速度。到现在，计算器和电脑已代替了当年的计算尺。这还得归功于才发明了没有多少年的软件（即指令系统）和三维立体的有限单元分析方法等新的分析方法，帮助工程师们进行比选、修改、绘图的计算机帮助设计CAD方法等各种新的计算手段。这些手段是现代科学技术不可缺少的，也是高科技桥梁发展的前提。再加上大能量多品种的施工机具，几乎可以说可以建造合乎科学的无所不能的形式和规模的桥梁。然而，我们也要清楚地认识到：计算机不过是人造的工具，在智力上还不如人，还要靠人的思想。人的智力仍不能完全认识大自然的所有现象，人还要不断向自然学习。再加上桥梁建设服从社会政治、经济的发展条件，不是头脑一发热，想干什么就干什么。同时，桥梁建设的内容包括实用、经济、美观、环境影响等多方面，不仅是科学和技术。现代的桥梁越来越多地在实用和经济的前提下，注意美观和环境保护，即高的艺术质量和不影响人与动植物生存环境，保持生态平衡。

钢桁架桥

1937年，中国刚修建成钱塘江桥，为了抗战自己炸掉，战后，重新修复。同时，湖北省武汉市请茅以升等提出武汉长江大桥方案。中华人民共和国成立，1950年决定修建"万里长江第一桥"。茅以升与梅旸春两位原钱塘江桥的设计建造者，提出主跨为3孔280米的拱式伸臂梁桥，造型比较美丽（图55），后来在"一边倒"的原则下，采用苏联专家主张的9孔128米钢桁架桥（图56）。当时和之后世界上不少大跨度桁架桥梁都造成拱形曲弦的连续桥，如1959年新西兰的奥克兰港桥（图57），1962年巴拿马运河桥（图58），1972年日本境水道桥和港大桥，等等。港大桥悬臂162米，悬跨186米，桥跨为510米，比武汉长江大桥方案晚了22年，桥跨比280米增加了82%。技术是你追我赶的，中国俗语说"学如逆水行舟，不进则退"。

单独的钢桁架桥桥跨到550米以上，本身重量太大，再往上发展的机会就小了。绝大多数的桥梁是中小跨桥梁，不一定一味追求大跨，但中小跨的桥梁钢梁在经济方面就比不上钢筋混

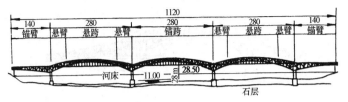

图55　中国武汉长江大桥方案（1950年）

图56　武汉长江大桥全貌（1957年）

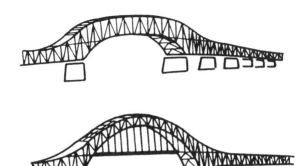

图57　新西兰奥克兰港桥（1959年）
上：实建桥式　下：比较方案

图58　巴拿马运河桥（1962年）

　　　　　　　　　　　　　　　世界桥梁趣谈

凝土和预应力混凝土。

中国在20世纪50年代和60年代，跨过长江建设过重庆、南京、九江、枝城等好几座类似的钢桁架桥。桥跨最大是216米，都是公路铁路两用桥。因为太多地重复一种桁梁，产生厌烦，之后长江上的桥也都改用别的新桥式。

新型的拱桥

大量的中小桥建造需要促使中小跨桥梁的科技的发展。桥梁跨度的大小，桥墩处水深和基础的深浅，是桥梁高科技的一个代表的方面。中小跨亦有其高精尖的科学和技术。就好像人类集中其科技，登上和重返月球，以及往更远的星球去探险是属于人类高科技的骄傲，而能用病理、仪器、药物克服顽固的疾病，也属于高科技的领域。前面已经说过高是由低发展起来的，一切高科技先要从小规模试验做起。

双曲拱桥

20世纪60年代开始，中外都对拱桥进行革新。革新的方向是取消庞大的拱架。特别是峡谷、深水和繁忙的通航河道，架设拱架十分费钱甚至不可能。改变施工方法会引起桥梁形状的改变。中国首先提出了双曲拱桥（图59）。双曲拱的设计施工原则是"化整为零"，"以先辅后"。所有桥梁建设都是"化整为零"，石拱桥本是如此。当用了现浇混凝土拱，拱需整体浇注，成为"化零为整"。整体性虽好，却又增加了大量拱架工作的不方便，即使把混凝土分浇成石拱那样一块块的拱块，依然避免不了拱架。双曲拱是采取拱肋、拱波，或再加上一层现浇混凝土的方法，分次安装，化整为零。先架拱肋，用拱肋支承拱波，再一起支承现浇混凝土部分和拱上结构，这就是"以先辅后"，即先安装完成的那部分结构承担后装那部分的支撑作用，最后共同受力。双曲拱是分阶段受力的薄壳结构，精确的理论是比较高深的。

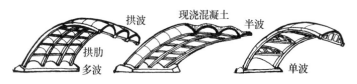

图59　双曲拱桥

转体施工

　　另一种不用拱架的建拱方法是转体法。一般拱部分为两片拱肋。1955年意大利建多姆斯峡谷桥，采取竖直灌注拱肋，再用桅杆缆绳放下合拢，或可称作垂直旋转法（图60）。中国长江小三峡口峡谷桥在桥台西侧山坡上平放的位置分别灌注拱肋，再利用桥墩顶放系缆绳，水平旋转将拱肋合拢，称为水平旋转法（图61）。

图60　意大利多姆斯峡谷桥

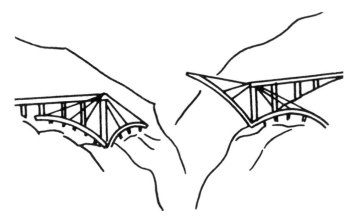

图61　中国长江小三峡口峡谷桥

　　转体施工首先是由四川张联燕高级工程师引入中国。2000年6月建成的广州丫髻沙桥（76米+360米+76米）也采用转体施工。具体做法是先在珠江南岸沿江岸搭脚手架，拼装边孔和半座中间拱〔图62（a）、（b）〕，先垂直旋转，脱离拱架，再两岸同时水平旋转〔图62（b）、（c）及图63〕，在中间合拢，是为双向旋转法。垂直旋转竖转时结构重2058吨，水平旋转时结构重13685吨，该桥转体施工已经达到了世界先进水平。

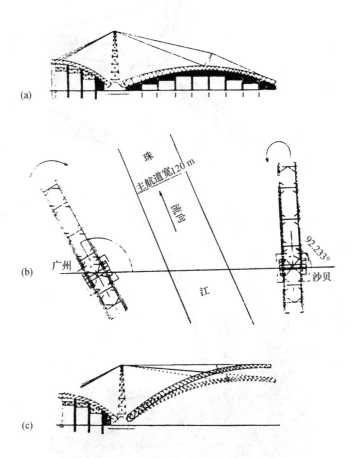

图62 广州丫髻沙桥双向旋转法施工

图63 广州丫髻沙桥平转

桁架拱（伸臂施工）

贵州省山区建造峡谷拱桥想出另外一种桥式，称作桁架拱。从前面转体施工中已看到，拱肋作为压杆用回拉浪风索逐段拉住，由垂直部位下放或水平部位横转到桥位。桁架拱里、竖杆和拱肋是混凝土的，斜杆是钢拉杆。从岸边做基础一段一段用小吊机拼装出去，到跨中合拢，便搭成拱桥。此法称为伸臂拼装法。贵州省成功地造成很深的峡谷里的桥梁，如长阳桥、江界河大桥等。江界河大桥桥跨长达330米（图64、图65、图66）。可以想象得出在如此"下临无底"的峡谷架桥是很壮观的。

浮运施工

国外在宽广河上不用拱架，采用浮运法。

早在1925—1930年，法国修建3孔180米的普洛加斯脱联拱桥时，为了避免在河中搭拱架，采用两只铁驳上架木拱架搁在已修建成的桥墩上的方法，待拱修成，用驳船将拱架移走用于下孔，方法已经很先进。1958年莫斯科卢日尼克桥，为3孔45米

图64　江界河大桥混凝土桁架拱

图65　桁架拱伸臂安装

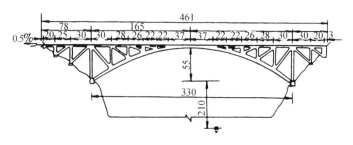

图66　江界河大桥

+108米+45米连续钢筋混凝土拱。该桥更进一步，整联在岸边做好，一共8780吨重，整体浮运到桥位（图67）。这就是浮运法。

刚构拱

20世纪60年代，中国建造过不少石拱桥和双曲拱桥；70年代，中外都推出新的拱桥形式，其中之一是刚构拱。其特点是拱上的柱不是过去那样竖直而是倾斜的，和桥面梁结合起来，起到刚构的作用，可以减少拱受的推力，亦产生了新的艺术效

图67　莫斯科卢日尼克桥（1958年）

果。图68为3座桥的实例。美国圣地亚哥跨线桥（单跨），只有拱脚处各一根斜撑；日本东京跨线桥是3孔连续，在中间桥墩上各有两根斜撑；中国无锡金城桥为单孔较大桥跨，6根拱上柱全部与梁成刚构。中国的刚构拱仍和双曲拱桥一样是化整为零的预制杆件，在河上吊装拼成。国内建过不少刚构拱。

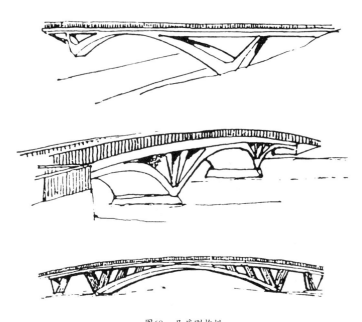

图68 几座刚构拱

上：美国圣地亚哥跨线桥   中：日本东京跨线桥   下：中国无锡金城桥

提篮拱

拱桥继续不断地在变化。很多拱都是车辆行走在拱上面的桥梁，近现代的桥梁有车辆穿过两片结构间的构造（图69）。两片拱（或桁）架，在第二次世界大战以前的技术水平为，当桥跨较大时，必须用比较复杂的或简单的杆件相联结起来，互相帮助，方能稳定。正是这些"联结系"使得结构构造复杂，造型混乱，使用时分散驾驶者的注意力。后来技术进步了，有办法使拱本身各自都能稳定，就产生了没有水平联的拱桥［图69（c）］。

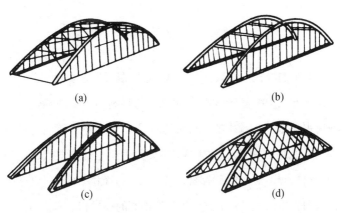

（a）　　　　　　　　　　　（b）

（c）　　　　　　　　　　　（d）

图69　拱弦联结系
（a）桁式水平联；（b）横杆水平联；（c）无水平联；（d）提篮拱

1963年，德国建成了第一座把两片拱肋互相靠拢，在拱顶相连的单孔钢拱，桥跨248.4米（图70）。因为形状好像竹篮的提手，所以又称提篮拱。这座桥吊桥面的吊杆，不是一般垂直下吊，而是网状结构。整座桥的设计、制造、安装都比一般6面体的桥梁要困难，需要高明的思想、高超的技术和高精的手段。因为一反常规，该桥立即引起桥梁界重视和不断地模仿建造。

从这座桥上还得到一个新的教训。原来当地多雪，建成后拱顶积雪，过多时从拱顶下滑崩落，砸坏汽车，砸伤乘客。后来装上了挡雪块和破积雪的装置，使雪小块地落下，就不产生威胁了。所以技术还包含着问题虽小而影响颇大的琐事在内。

钢管拱

造拱的材料虽然只有石、木、钢、混凝土等少数几种，造型却不少。1956—1960年，瑞典在恩斯科洛夫约海湾上造了一座很别致的钢管拱桥，桥跨达278米，用两根大钢管并列成拱形一孔跨过海湾（图71）。主要因为桥心处风很大，达到42米/秒，相当于我国沿海台风的风速，采用管形桥可以减小挡风面，桥梁更稳定。这座桥具有很高的技术和艺术价值。

非常可惜的是，桥造成后没几年，一日清晨浓雾，一艘十数

图70　德国费马恩海峡桥提篮拱（1963年）

图71 瑞典钢管拱桥（1960年）

万吨的油轮从桥下经过，过于靠边行驶，撞上拱桥桥脚，使整孔拱桥坍落，确是十分遗憾的事。一系列船舶撞桥的事故，使防撞措施设计成为一门新的课题，留在后面再说。

钢管混凝土拱

钢筋混凝土结构是在混凝土之内加入钢筋骨架帮助抵抗拉力，作为拱，主要是受压，所以重点要使混凝土更能耐压。一种办法是加高水泥标号，以提高混凝土的强度等级。在生活中我们会发现一个塑料瓶子装了半瓶水，瓶子和水都是可以变形的。当装满一瓶水，旋紧盖子，瓶和水都变得十分坚硬。这种现象称为"约束现象"，或"套箍作用"，条件是容器必须是圆的。钢管混凝土拱就是利用这一原理，混凝土里不加钢筋，而由混凝土与钢管共同作用，使混凝土受到约束，增加抗压强度。

钢管混凝土的好处是除了增大混凝土强度外，还用钢管作为外模。空心的钢管拱安装比较容易，不需要施工脚手架。待外壳安装好后，向里面灌注混凝土，成为新颖的钢管混凝土。这是20世纪80年代在中国所兴起的。钢管在外，一似动物中的甲壳类。钢管外露，缺点在于现在的钢料容易锈蚀，于是要加以保护。现在使用复合材料的涂料，寿命可达40年以上。一般钢筋混凝土理论寿命是100～120年，实际因为混凝土会开裂和本身能吸收水分，大致仅80年的寿命。钢管混凝土只要保养好，多上几次油漆，会比钢筋混凝土寿命长。

与瑞典的空心钢管拱比较，上述钢管直径较小，以免填上混凝土后使桥梁太重，于是采用多根小直径组合而成，称作"集束钢管混凝土拱"。集束有各种不同组成，可用2、3、4、5根排列焊接而成，或者如图72示例的几种形式。多根集束钢管或直接紧贴或做成桁式的拱，于是单独的拱肋，刚度很大，稳定性好，可以造成单片拱。

钢管混凝土拱自问世以来，我国四川、贵州、广东、广西等省、自治区建造了不少美丽的单孔、多孔各式拱桥。如峡门口乌江大桥（5—4管），桥跨140米，乌江大桥（5—4管），桥跨250米，广州市的解放大桥，3孔无联结系拱（2管），浙江义

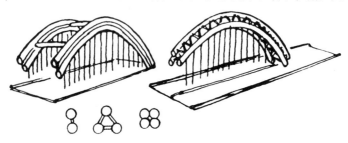

图72　集束钢管混凝土拱

乌的宾王大桥，等等。

1997年10月建成通车的浙江义乌市宾王大桥是3孔下承式（即桥面在拱的下面）单片拱肋钢管混凝土拱。桥跨布置为55米+80米+55米，桥面宽32.65米。拱肋高1.4米，宽3米，由两根直径为1.4米的钢管和上下两块1.6米宽的钢板所组成，内填混凝土。此桥稳重美丽，较之用钢管拼成桁架拱为好。适当地注意美观，用集束钢管混凝土拱估计可达千米桥跨。

目前我国最大跨度的集束钢管混凝土拱，系广州丫髻沙桥（图73），跨珠江，桥跨与桥式为76米+360米+76米连续，部分自锚的系拱桥，6车道公路。桥用垂直、水平双向旋转法施工，1998年7月开工，2000年6月建成，是世界闻名的钢拱公路桥。该桥由已故桥梁设计大师邵厚坤设计，桥将成而人去世，留此杰作作为纪念。

斜拉桥

第二次世界大战之后出现的新桥式中影响最大、发展最快的要数斜拉桥。中国桥梁界为译这种桥式的名称曾经有过一番争论。有人赞成称"斜拉"，有人主张该叫"斜张"，因为绷紧弓弦昔日称"张弓"。其实张和拉都说得过去。大多数人习

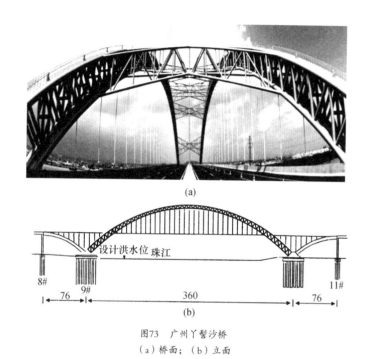

(a)

设计洪水位 珠江

8#   9#   11#

76   360   76

(b)

图73 广州丫髻沙桥
（a）桥面；（b）立面

惯称斜拉桥，便约定俗成定下来了。

斜拉桥是用绳缆斜向拉住比较长跨的梁的全长，可以避免水中支点。结构构造还是从大自然中藤萝牵攀，或则从蜘蛛结网的办法学习来的。原始的斜拉桥便是结藤萝（图74）或以椰树干做撑，竹竿做拉杆造成（图75）。

用斜拉以辅助梁的想法，欧洲是从古埃及、古希腊航海的

图74　藤萝桥

图75　椰竹桥

船舶上用斜拉绳以拉住帆樯而起（图76），渐次用于桥梁。

早期的欧洲桥梁工程师，如法国建筑师朴叶（Poyet）1821年所设想的斜拉桥［图77（a）］，与图76的船上斜拉索布置何其相似。

1840年英国工程师哈特莱（Hatley）布置的另外一种形式［图77（b）］后来称为"竖琴"式，斜拉索平行，好像西方竖琴的琴弦。可惜这些设想都没有实现。

德国移民美国籍工程师罗布林所建造的美国尼亚加拉铁路悬索桥（1855年，图40）和美国纽约布鲁克林桥（1883年）在悬索之外都加了斜拉索。据当年设计，斜拉索并未计算在内，不过是罗布林的直觉，用斜拉索帮助一部分桥受力。事实上确实是

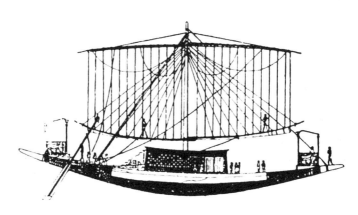

图76　古埃及船舶上斜拉结构

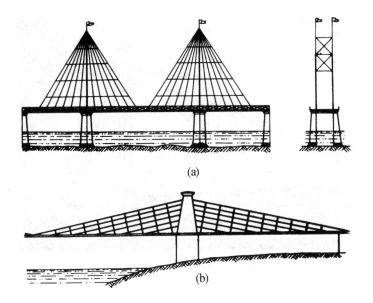

图77 早期斜拉桥设想

（a）1821年法国朴叶式；（b）1840年英国哈特莱式

起了作用，然而设计计算上用当年的手段是无法弄清楚的。

1873年英国建成的泰晤士河阿尔贝特桥（图78），悬索之外，亦用斜拉索。第二次世界大战之前，斜拉索不能独立，只能在一些桥里做悬索桥的好"帮手"。

第二次世界大战以后，为了修复被破坏的老桥，法国发明了预应力钢筋混凝土梁，德国想出用斜拉桥。由于计算技术、材料强度、工厂制造能力、工地施工手段等都有进

图78　英国阿尔贝特桥（1873年）

展，斜拉桥在各个环节都有保证，渐渐地它的优越性被发掘出来。一开始在欧洲，后来才被美洲、亚洲接受，现在已推广到全世界。

　　第一座现代斜拉桥是由德国人迪辛格设计的瑞典斯特罗姆海湾桥（图79）。桥主跨182.6米，钢板梁，钢筋混凝土桥面板。路面宽9米，两侧还有各1.75米的人行道。索从塔顶放射而出，拉吊住梁。

　　斜拉桥的优点是比较简单，造价比较低，能适合大、中、小各种桥跨，并且桥形变化无穷。梁、塔、索的布置和造型可以在不违背科学的基础上随意展开。20世纪50—60年代的斜拉

图79 瑞典斯特罗姆海湾桥（1955年）

桥大都是"稀"索，就是说索数较少，布置较稀，其代表作如图76。以索来分，可分为放射形［图77（a）法国朴叶式，图80（a）、（e）］；扇形［图80（c）］；竖琴形［图77（b）英国哈特莱式、图80（b）］；星形［图80（d）］。以塔分（立面上）为双塔［图80（a）、（b）、（d）］；单塔［或独塔，图80（c）］；多塔［图80（e）、图81］：塔在横断面上呈门形［图80（a）、（e）］、双柱形［图80（b）］、A字形［图80（c）］、独柱形［图80（d）］。之后还有钻石形、倒Y形等其他特别的形状。以梁分则为钢梁、钢和混凝土结合

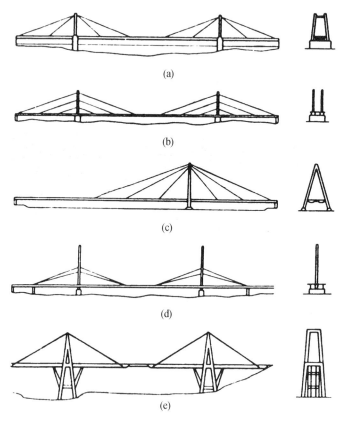

图80　20世纪50—60年代斜拉桥代表作

（a）瑞典斯特罗姆海湾桥（1955年）；（b）德国杜塞尔多夫北桥（1958年）；
（c）德国考洛根塞弗林桥（1960年）；（d）德国汉堡北易北河桥（1962年）；
（e）委内瑞拉马拉开波桥（1962年）

梁、预应力混凝土梁、纤维混凝土梁等等。

一般稀索斜拉桥多半是钢梁，中小跨径桥。非常有趣的是由意大利工程师设计，1962年建成的南美洲委内瑞拉马拉开波桥。这座桥很长，共9000米，为135孔大小不一的预应力钢筋混凝土桥。中间大孔共5孔135米。主孔下通航大船，所以路面高出水面45米。边孔小孔，由矮桥逐渐升高，所以桥墩由V形变X形，再变为92.5米高的A形塔，塔顶向两边斜拉住梁。在桥墩上梁下仍有X形墩。这座桥在当年是很巧妙的设计，引起了广泛的注意（图81）。

可是桥造好了没几年，一艘大油轮舵机失灵，不走大孔通

图81　委内瑞拉马拉开波桥

航道，横撞在大孔边的小孔上，把桥撞断，梁跌在船上。经过修复后再通车，又一次引起桥梁界对防止撞船的注意。

时隔几年，斜拉索和梁接头的地方，由于不断的振动和锈蚀，有发生断裂的危险，于是所有的斜拉索都换了。斜拉桥暴露出一些缺点，新建者不断地予以克服。

20世纪70年代，仍以稀索钢梁桥居多，但是桥形却有越来越多自由的变化（图82）。其基本手法是只要拉住中间大跨，锚住塔顶。于是边跨越来越小，边孔把索都集中起来，锚于一点。水平分力由梁在承受，垂直分力由桥墩台承受，不够则再加压重，于是随便什么样的地形和跨越都可以布置。这就是掌握客观规律（或真理）越多，人越是自由，然而在客观规律面前，人却又必须循规蹈矩，一点自由也没有。自由的辩证法便是如此。更应该有自知之明的是，虽然科学技术的发展已经达到很高的水平，这仍是相对的，还有很多很多的客观规律还未被人们所认识呢！

斜拉索由稀变"密"是70年代后期和80年代的事。密索的意思是斜拉索一反当年一根拉索中好几股钢索拉住梁的一二点，而是把这些钢索散开均匀地拉在梁上。稀索梁高，密索梁薄。1972年德国建成法兰克福第二美因河桥，系主跨148米的公路、铁路、管道三用密索斜拉桥。之后，丹麦大带海峡

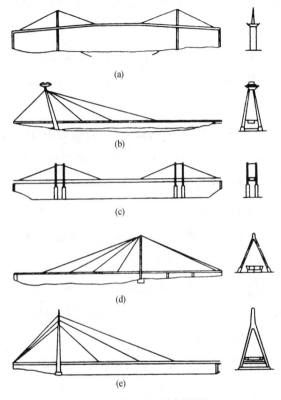

图82　20世纪70年代稀索斜拉桥

（a）苏格兰埃尔斯金桥（1971年），305米；

（b）斯洛伐克布拉迪斯拉发桥（1972年），303米；

（c）阿根廷曼斯包泰米阿桥（1972年），340米；

（d）德国斯盼也桥（1974年），275米；

（e）乌克兰基辅桥（1976年），300米

桥曾提出过多孔350米公路铁路密索斜拉桥，桥面梁仅厚66厘米（图83）。

1974年建成的德国汉堡考布伦特（Kohlbrand）桥是三孔密索斜拉桥宝石形桥塔，在夕阳西下之时，塔、梁、索，轮廓分明。

最别开生面的大概要数美籍华人，素称美国预应力先生的林同炎的一个设想。美国加利福尼亚州中福克处，跨越建设奥本水坝后的美国河上当年拟建洛克—却克桥（1979），由山崖一侧平行河道的公路，过河转回头联结对岸另一侧平行于河道的公路。由于建坝后水极深，桥又位于地震区，修建桥墩十分困难。如用直线桥而以桥头弯道线路联结，势必要开山做隧道，造价很高。林同炎倡议修建弯道梁斜拉桥。斜拉索不用塔而直接锚在山崖上，造出后的桥便如图85所示。结构特殊，构思巧妙，因地制宜，匠心独运。

密索斜拉桥的出现加速了斜拉桥的推广，普遍为世界各国所接受（图84）。

1986年建成的北美洲加拿大温哥华跨弗雷泽河的安纳西斯桥，桥跨为183米+465米+183米，是北美洲第一座大跨的结合梁密索斜拉桥。

斜拉桥在发源地的梁主要用钢，之后马拉开波桥用预应力混凝土。两者各有优缺点。大跨桥完全用钢，造价过高，完全用预应力混凝土，重量过重，因此造价亦高。安纳西斯桥是第一座用钢梁和钢筋混凝土板相结合的梁部结构，结合了两者的长处。虽然瑞典斯特罗姆海湾桥首例在先，但大跨斜拉桥以本

图83　丹麦大带海峡桥方案（竖琴式）

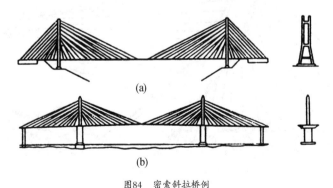

(a)

(b)

图84　密索斜拉桥例
（a）西班牙卢纳桥440米（1983年）；（b）美国阳光桥366米（1986年）

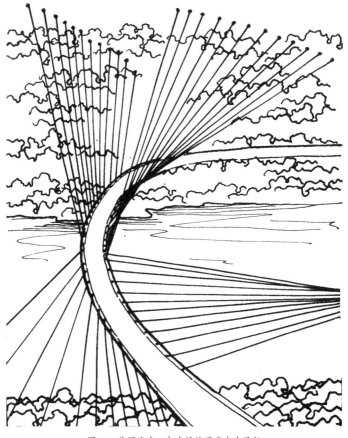

图85 美国洛克—却克桥林同炎先生设想

桥为首。从此，400米以上的斜拉桥不足为奇，越造越多。

中国学习建设斜拉桥也不落人后。大概第一座是从四川云阳开始，青岛大沽居后，据统计，已有大大小小的钢与混凝土斜拉桥约160多座，混凝土斜拉桥之多居世界之首。小跨且不谈，大者如上海泖港桥、重庆石门桥等60年代造的桥梁。上海南浦大桥（图86）主跨423米，双面扇形密索斜拉，继加拿大安纳西斯桥之后，于1991年建成。1993年，上海又抢在法国诺曼底桥之前，建成当年世界最大跨602米的杨浦大桥（图86）。该桥亦是双面扇形密索斜拉结合梁，由上海市政设计院设计。

斜拉桥的去向第一是在桥跨上和悬索桥争一日之短长，第二是造型上层出不穷，点子越出越多，花样翻新，各显神通。桥跨上，1991年挪威的斯卡申台桥（Skarnsundet）［图87（a）］，中跨530米，梁宽仅13米，梁高才2.15米，因为该通道车辆不多，只需要双车道，可是水深却不浅，只能修大跨桥梁。斜拉桥从经济上胜过了悬索桥。

法国的诺曼底桥［图87（b）、图88］桥跨856米，主跨中间73％改长度是钢箱梁［图87（b）涂黑部分］用以减轻重量，其他部分用预应力混凝土箱梁，用以减低造价。这是争取节约的另外一种方式。诺曼底是第二次世界大战末期联军在欧洲登陆的地方，从这里开始打败了希特勒德国。

图86 上海南浦大桥（上）和杨浦大桥夜景（下）

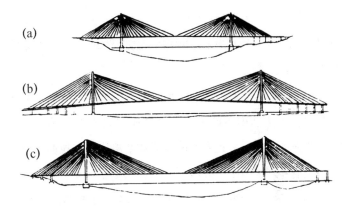

图87　斜拉桥桥跨增长

（a）挪威斯卡申台桥530米（1991年）；（b）法国诺曼底桥856米（1994年）；
（c）日本多多罗桥890米（1999年）

图88　法国诺曼底桥

日本本州到四国岛联络线上的多多罗桥［图87（c）］桥跨890米，比诺曼底桥长34米，建成后暂居世界第一。你追我赶的事情永远不会完结。

至于说花样翻新，一部分是因为人们的生活要求不断提高，要求有生活内容的丰富，增加旅游景点或情调上的变化，增强艺术感受。这方面的桥梁如斯洛伐克布拉迪斯拉发桥，还有中国广东西樵桥，该桥独塔顶上有咖啡茶座游览厅，居高临下，可观四周风景和桥上穿过的风驰电掣的汽车。

另一部分则是尽量不采用雷同的设计，应用不断认识和提出了的技术，设计出具有个性的造型，在索、塔、梁上，特别是索和塔上狠下功夫。

譬如你主张斜拉索拉在梁的两边，这就称作双面索，上下行车辆走在两个索面中间，另一个人就主张索拉在梁的中间，汽车走在索面的两边，如丹麦的法罗桥，建成于1985年，通航孔290米。桥简洁明了，干净利落。不过法罗桥只有4车道，桥面总宽19.6米。

1994年通车的美国田纳西州哈德曼桥，共有8车道，主跨380米，不同于法罗桥的钻石形单个桥墩，而是采用双钻石形桥墩，上下行各4车道分开用放射形索双面斜拉，全桥共4个索面。桥面宽47米，两侧各半，似乎是两座并列的法罗桥，就只索面多了两个，也许显得混乱一些。

1994年，香港汀九桥招标。桥在A3高速公路上，从青衣岛接向新界，在青衣岛上与新机场线的青马大桥青衣岛引桥相立交。得标方案有两孔主跨各为448米和475米、3个塔的斜拉桥，桥面上下行各18.77米，4车道。3个塔中间塔高，两边塔略低。每个塔主要是一根望远镜式的独柱，上细下粗，柱两侧用索绷拉成宝石形式桥墩，从塔顶放射斜拉向下到每边梁的边上成为4个索面。这座桥由西欧设计单位中标，以轻巧纤细夺魁。同是4索面，它和美国哈德曼桥相比，全然是不同的风味。

到现在为止，除了林同炎先生的洛克—却克桥设想外，几乎所有桥例的每个斜拉索密索面都在一个垂直或者倾斜的平面里。现在试拿两根横杆平放在桌上，两杆间缚以斜拉索便是平面索系。把上面的杆提起旋转一个角度，发现索面不成平面而成扭转的曲面，学术上称作双曲抛物面（图89）。利用这个原理造的桥，如图90所示荷兰鹿特丹的威廉姆斯桥，一反一般索的上端锚在塔柱上的做法，而锚在塔的横梁上，得出的是一座非常别致的塔的左右前后都是双曲抛物面的立体桥梁。

斜拉桥都是直线的，刚性的，现在却内含着曲线的柔性的面，非常符合中国美学的刚柔相济的观点，而在国外这一样得到欣赏。

斜拉桥中除了竖琴式，即每一个钢斜拉索都是平行的外，所有其他方式如放射形、扇形等在透视时都感觉到混乱交叉，有时分不清头绪。只是因为索较细，可以减少视感的影响。

现已建成的瑞典丹麦间厄勒海峡桥主跨490米，全长7845米，上层4车道公路，下层双线铁路，采用的是竖琴式斜拉

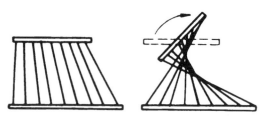

图89 双曲抛物面

图90 荷兰鹿特丹威廉姆斯桥

索，外形上就较整齐。竖琴式斜拉索要比放射形或扇形用索量多一些，造价稍高一些。有时为了取得较高的艺术价值这也是值得的（图91）。

不是说放射形斜拉索透视中很混乱吗？有了题目便有解答的方法，瑞士人甘特（Ganter）走的是另一条道路。瑞士瓦里斯有一座峡谷桥主跨174米是直线，两边边跨却走在S形弯道上。瑞士人甘特用的是预应力混凝土梁，矮塔，两边是放射形斜拉索，就这样暴露在外，想必很乱。可以想象桥在峡谷之中

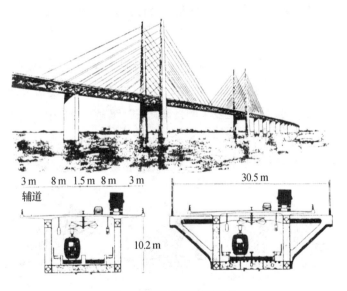

图91　瑞典丹麦间厄勒海峡桥

能够看到的只是两座十字架。甘特的办法是把斜拉索用混凝土包起来，当然不是简单地包起来，而是采用了技术上的措施，便产生了又一种板式预应力斜拉桥。这种形式在很多国家，包括中国在内都有仿建。

斜拉桥塔的变化已经很多了，还有新花式出现。一种形式的存在必有其存在的"理由"。譬如说，图92第一式将塔建成弯曲的，可以认为是要克服斜拉桥塔全部是直线、刚性的缺点；第二式桥塔后仰，和边跨梁结合起来，为的是增加塔梁刚度；第三式单面索塔在桥轴方向呈V形，目的是减小主索的长度和塔的高度。

斜拉桥艺术上属刚性，结构上属柔性。特别是拉索，细而且长，又绷得很紧，一般称为紧索。实际使用之后，发现在风力作用下索会不断地发生颤抖振动，甚至在大雨之中，雨水顺索淌下，随时有规律地下滴，也会产生振动。上面一种称风振，下面一种称雨振。再加上钢索容易生锈，好多不利之

图92　几种新桥塔

处，都变成专门加以研究处理的高科技。现在可以说以上问题基本上都有办法解决了，但是还要经过时间的检验。

悬索桥

斜拉桥是新兴的桥式，向悬索桥提出挑战，不过到目前为止，虽然研究过1000～1500米的斜拉桥，在大跨度方面斜拉桥仍然没法和悬索桥相比。何况水涨船高，悬索桥本身也在不断进步。

第二次世界大战以前，美国塔科马桥风振之后，研究找出的桁架加劲梁使美国式的经典悬索桥，继续统治着世界。

第二次世界大战前美国已开始兴建的6400千米长的麦基诺海湾桥（Mackinac Bridge），第二次世界大战中被毁坏，战后1954—1957年完成的主桥是三孔悬索桥，中孔1158米，用了比较高的桁架加劲梁，以保证桥在风力下的稳定。这座桥主孔虽然比金门桥短，加上边孔，全桥长2626米，比金门桥的1966米为长，当年号称世界第一长悬索桥。

1960年以后，美国的悬索桥纪录被欧洲所打破。英国苏格兰的福斯海湾桥，始建于1958年，6年后，于1964年建成，桥跨为408米+1006米+408米=1822米，虽然长度不如美国麦基诺海湾桥，不过单位延米重量要比美国麦基诺海湾桥轻，说明即使没有脱出窠臼，不过总有了些改进（图93）。

1962—1966年的葡萄牙特茹河桥（图94）离葡萄牙首都里斯本很近。这座桥设计成公铁两用，但是第一期先建公路，铁路桥直到1998年才开始加铺。设计的时候是国际招标，进行方案比赛。美国参赛的自然是最熟悉美国经典悬索桥的公司，提出经典美国悬索桥的桥式。德国的桥梁专家们已经想到对悬索桥进行革新，提出了薄桥面，单悬索和斜吊杆，A字形塔的新式悬索桥。新桥形做过风洞试验，专家认为是行得通的，但没有被采用，仍用美国方案建设。对于一座重要的桥梁，一般采取比较保守的态度也是常情，可是提方案的德国专家说，"他们采用美国方案的原因，我这里不说了"，看起来其中还有隐情呢！

这座桥，原名萨拉查桥，是统治者的名字。1974年统治者被推翻，改名"四月二十五桥"。桥跨是483米+1013米+483米=1979米，当年是欧洲大陆最长桥。

承袭美国式的悬索桥还不止在欧洲，在亚洲也是如此。

第二次世界大战结束后的日本，受到美国经济上的扶植，渐渐地变成经济强国。20世纪60年代，日本立下雄心壮志，要把本土4个大岛即本州、北海道、四国、九州用桥梁和隧道连起来。要跨海峡修桥梁和隧道谈何容易。本州和北海道海底一条铁路

图93　英国苏格兰福斯海湾桥（1964年）

图94　葡萄牙特茹河桥

隧道——青函隧道，修了27年！

本州到九州修了关门桥和关门隧道，规模比较小。

本州到四国要修三条海上通道，规模就比较宏大了。经过十几年的探索，特别是向美国学习，1970年建立了本四联络桥公团。三条线路中率先建成的是儿岛—坂出线。该线突出地有三座悬索桥，两座斜拉桥。从本州数起是下津井桥、柜石岛桥、岩黑岛桥、南北备赞濑户桥。

下津井桥中孔940米，1988年完工。南备赞濑户桥中孔1100米，北备赞濑户桥中孔990米。两桥各三孔一联，海中有一个共同的锚墩，采用了与美国旧金山奥克兰海湾桥同样的布置。

儿岛—坂出线上这几座悬索桥基本上属于美国经典式，不过是公铁两用桥。上层4车道公路，下层一侧是现有日本的窄轨铁路，另一侧是正在发展的标准轨高速铁路。悬索桥而能公铁两用，在现代，还数此线先建成。儿岛　坂出线建成于1988年。

此线中的柜石岛桥和岩黑岛桥原来设计是钢桁架伸臂梁桥，后来由于斜拉桥的兴起，改为中孔各为420米的钢桁架斜拉桥。

本四联络线中另一线是神户—鸣门线，跨明石海峡，目前是世界上最大跨的美国经典式公路悬索桥，桥中跨1990米。

在建设的过程中，桥塔已经造好，主索也已架设好。1995

年1月17日清晨5时46分，日本发生战后破坏最严重的阪神大地震，震中正在明石海峡大桥一端的淡路岛。地震强度7级，死6434人，伤4万余人，房屋损坏60余万栋，桥梁倒毁不少，灾象惨烈。明石海峡大桥东桥塔位移1米有余，略有偏扭，所幸不算大害，尚能继续安装，于是桥中跨名义为1990.8米。桥塔不倒的原因是，震中附近横波小而纵波大，塔又有索牵制。1998年桥建成通车。

当美国式悬索桥还大有市场的时候，欧洲在发展新的悬索桥。悬索桥最关键的问题是抗风，最大的挡风面积是梁。塔科马桥竖立的钢板梁既挡风又在梁后面产生涡流，激发振动。不是说用过风洞做试验吗？汽车做成流线型，可以顶风快驰。飞机翼做成流线型，阻力小，高速时在风中能把飞机托起飞行。悬索桥的梁假如做成流线型（图95右上角）又怎样？果然，挡风力小了，涡流远了，激不起振动了。钢梁既薄且轻，比美国式经济和美观得多。

这一设想从福斯路桥便开始酝酿，第一座建成的是英国塞文河一桥（图95）。桥主跨988米，梭形（流线型）钢箱梁，吊杆是倾斜的，和一般垂直吊杆不同。由于细节设计不当，建成后出现了一些问题，引起世界桥梁界的注意，认为新的桥式需要经过时间考验，不敢大胆地使用。

图95　英国塞文河一桥（1966年）

　　判断一项新发明的好坏、成功与否，实践是检验真理的唯一标准，不要别人怎么说就这么说，不去分析原因，应细细地问一个为什么。塞文河一桥找到了原因，修补了缺点，新桥式终于成立了。

　　1973年，土耳其建成第一座博斯普鲁斯海峡桥，吊杆是直杆，箱是新式的流线型钢箱梁，主跨1074米，接着于1988年又完成第二座同式的博斯普鲁斯海峡桥，主跨1090米。由于这里是欧亚通道，交通量增加非常快，现在已在设计第三座桥，中孔1168米。

一系列的成功奠定了欧洲式新型悬索桥不败的基础。英国于1981年在亨伯河入海口建成了目前还是最大跨度的此类桥梁，中跨1410米的亨伯桥（Humber Bridge）。

人们想建这座桥已经有100年了。1927年设计过老式的桁梁桥，桥墩太多，1972年开始重新设计，又遇到重重困难。困难来自工程上的、政治上的和经济上的好多方面，最后还是一一地克服了。亨伯桥和塞文河一桥一样是流线型箱形梁，斜吊索，梁非常薄，和美国式比较有天壤之别。

亨伯桥一跨跨过河口，只有南边塔墩伸出水中500米。河中没有桥墩，陆上和水上交通两不阻碍。只要财力允许，这应该是好事，也显出科学和技术的力量。东方有一位大国的桥梁专家后来去那里参观，曾经对陪同的英国的同行说，这座桥根本不需要这样大的桥跨，不经济！其实，桥梁建设的规模已经显示出国力，这国力便是经济能力和科学技术力量。

前面已经介绍过，50年代中国修建第一座长江大桥，这已经是很不容易的事。长江这一段江面宽1150米，中国自己的桥梁专家设想江中只修4个桥墩（已嫌太多），桥跨280米，外国桥梁专家改为8个桥墩，桥跨128米。不管4个墩也好，8个墩也好，都会发生船舶碰撞问题，据统计现在大大小小已碰撞过百余次。假如建设悬索桥，1150米便可一跨而过。50年代，美国已有了1280米桥跨的金门桥，可惜那时我们，也包括已解体的苏联，在国力和科学技术上还在起步阶段，那时想一跨跨过长江，谈何容易。现在可不一样了，中国的国力、科技已经有飞快的发展，能够进行大跨度悬索桥的设计和建设，今天若再设计武汉长江大桥，必做一跨飞越。

30年代，我国在西南地区澜沧江上已经修建过近代走汽车的悬索桥，车道不过双半，桥跨不足200米，只能算是中国固有悬索桥的延续。

我国建成的第一座大跨度悬索桥是广东汕头海湾桥（图96）。该桥位于汕头海湾港的出口处，全长2439米，主跨452米。两个主塔墩坐落在浅滩的石礁上，没有大船撞墩的危险。当年做可行性研究的时候，提出了悬索桥和斜拉桥方案做比较。正式设计施工招标时，业主也主张建悬索桥。虽然可能斜拉桥造价会便宜些，但是中国缺少的是悬索桥的经验，所以采用了悬索桥。不但如此，一般悬索都采用钢梁、钢桁梁或流线型钢箱梁，此桥建议采用预应力混凝土流线型钢箱梁。只在比利时和加拿大造过少量此种桥式的桥，今在中国建造，以取得经验。

1998年建成了广东虎门大桥。桥总长4600米，主航道一孔

图96　广东汕头海湾桥（1995年）

悬索桥，跨长888米，是类似于博斯普鲁斯海峡桥的流线型钢箱梁悬索桥。桥头便是鸦片战争中和英军英勇作战的虎门威远炮台，抗英英雄关天培战死在这里。建设中间，为了保护历史文物，国务院曾协调过建设和文物两部门之间的工作。一座伟大的近代工程，建设在重要的文物附近，形成强烈的对照。桥头建设了鸦片战争博物馆，将来还会有不少自然和人文的纪念性的景点可供大家参观游览，接受历史和科技的教育。

汕头和虎门两座现代悬索桥的建成，使中国桥梁建设开创出新的路子。继汕头海湾桥之后，其设计施工单位——铁道部大桥工程局于1996年建成了长江三峡大坝下游跨长江西陵峡的西陵桥，跨长900米。因用钢箱梁，比预应力混凝土梁要轻，所以两者主索的断面尺寸和用钢量是一样的。换句话说，悬索桥用预应力混凝土梁不一定是最合理的。

继西陵峡大桥和虎门大桥之后，1999年建成的江阴长江大桥亦是一座悬索桥，主跨是1385米（图97）。

继虎门大桥之后，有关部门曾研究建造广东珠海到香港的伶仃洋大桥，该桥总长27千米，内23千米是跨海桥梁，分东、中、西3个航道，东航道是国际航道，其通航主跨要求1400米，唯有建造悬索桥，其规模接近英国亨伯桥。现因线位有争议，将重新研究。

图97　中国江阴长江大桥

　　　　　　　　　世界桥梁趣谈

1997年通车的香港青马大桥（图98）是中国境内已建成的规模最大的悬索桥，也是目前世界上流线型钢箱梁中最大的公路铁路两用大跨度悬索桥梁。

　　香港回归以前制定了一个称为"玫瑰园计划"的建设项目，要在香港大屿岛建设新飞机场，并从新界九龙造一条通道直通新机场。该通道跨过青衣岛到马湾之间的桥梁便是青马大桥，过了马湾，又跨汲（或作急）水门，造汲水门桥。

　　青马大桥主跨1377米，桥分两层，上层6车道公路，下层中间是双线铁路，两侧各有单车道通汽车。因为香港处于台风地区，每年有数个台风在香港经过或登陆，在一定的风速下，高

图98　笔者参观建设时的青马大桥（1996年）

边的货车就不能走在桥面上。达到最大风速时，公路路面上连小汽车也不能走，这个时候汽车便走在梁里，所以这就成为全天候的桥梁。

虽然这座桥是香港回归以前所建设，但用的是中国纳税人的资金，且有大量的中国技术人员参与主持规划、设计、施工和管理，其中尤以始终主持其事的现香港特别行政区前工务局局长邝汉生先生（已退休）和土木署前署长刘正光先生为最。他们既主持完成工程，且对国内桥梁建设如广东虎门大桥的建成起了很大的作用，刘正光先生还以青马大桥的学术论文获得清华大学的博士学位。中国和英国土木工程学会都为此桥授予二人特别荣誉奖。

在建设的过程中，香港文化界曾以"桥横急水飞青马"征求下联。急水既是形容水急，又隐含青马大桥和汲水门桥两座桥梁。很多人应征，笔者以"路接长空驾玉虬（音求，飞天的玉龙）"获中，意思就是这条路是通向新飞机场，可以坐上银色的像玉龙一样的飞机飞上碧空，走向世界。玉龙飞天还是中国伟大诗人屈原的诗中的句子呢！

香港回归祖国后，青马大桥培养出来的这套技术班子中很多年轻人，还为后面将要谈到的跨世纪的桥梁事业出了一番力。

在欧洲，流线型梁的悬索桥造得越来越多了，每一座桥从技术细节上都有所革新。这些革新，因为太专业化了，不能替大家做详细的介绍，只说说革新后的外观上的表现吧。

不妨回过头去看看美国、日本、英国、葡萄牙等国的几座美国式悬索桥。塔和梁都用桁架式结构，看起来十分混乱。悬索桥的主索要用锚墩拉住，锚墩的体积十分庞大，看起来就显得板实。欧洲在尽量改进这些缺点。在丹麦和丹麦附近有几座桥，是由丹麦和德国一些顾问公司参加设计的，梁薄而简单，锚墩亦尽量轻巧化。

丹麦小带海峡二桥建于1970年，虽然主跨只有600米，主索的锚墩做得如大船的铁锚一样深埋在两岸地下，看不见庞大的锚墩。这也需要技术。

1997年瑞典东海岸高架海岸线的罕加·柯斯顿（High Coast）桥，主跨1210米，塔高179米，线条特别简单。塔除了顶上一根横撑和梁下一根横撑外没有别的联结，要靠高超的施工技术，一气呵成。这座桥梁的悬索和梁部结构，安装亦十分神速，譬如1210米的钢箱梁，安装只用了12个工作日（图99）。

1998年通车的丹麦大带海峡东桥，从30年代开始就计划建造，因第二次世界大战，工作不能进行。二战之后，此议重新提起，其间出现了欧洲的能源危机，加上他们国家内部的政治

图99 罕加·柯斯顿桥画

因素，建桥事宜又停顿了七八年。这是坏事也是好事，因为赶到后来，技术进步，能设计出桥跨较大、造型更美、技术更新的桥梁。

大带海峡跨海工程分为东西两个航道，中间有个小岛。全海峡宽18千米，东航道6.8千米，西航道6.6千米。东航道是波罗的海通北海的国际航道，要考虑15万吨油轮通过，如有碰撞，其碰撞力是非常大的。大带海峡东桥主跨1624米，桥塔和锚墩都能抵御碰撞。

大带海峡悬索桥亦有很多精彩的细节，其中之一便是世界上

　　　　　　　　　　　　世界桥梁趣谈

第一个从最经济和最实用的角度，研究了锚墩实际需要的结构空间，得到透空的三角形锚墩布置，同时也取得了美学上的效果。

现在的跨海工程建设，非常重视环境保护问题，主要是造了桥之后会不会影响现有海流变化，引起不利的冲刷或回淤，会不会影响海洋动植物的变异，会不会引起候鸟的飞行路线变化等，要经过环境保护专家们调查论证之后才能做出决定。

海洋中无风三尺浪，施工的条件非常艰苦，要考虑所有的结构部件，尽可能化零为整，大体积地预制、浮运和吊装。大带海峡东桥用的浮式吊机起重量3000吨，而西桥低桥、浮吊起重量达7000吨。现在海上吊船最大起重量可达万吨。

大带海峡东桥施工自1994年至1998年共计5年，在建设速度上也是比较快的。

悬索桥并不是只宜造大跨度桥梁，中跨甚至小跨也合宜，并非只宜造道路桥，亦有用以造人行桥或管道桥，索面亦在不断创新（图100）。

典型的是双索垂直索面，上面所举悬索桥绝大部分都属此式。为了保证横向加劲梁的刚度，采用双索倾斜索面，塔便建成V形，索面向外倾斜。亦有采用A形塔，索在跨中或端部分于梁的两侧，到塔顶靠拢，成为向内倾斜的双索面。阿拉伯联合酋长国的杜贝克里克桥，是2孔175米悬索桥。亦用A形塔而仅

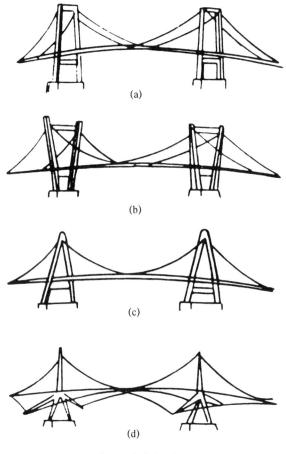

图100 各种索面布置

(a)双索垂直索面；(b)双索倾斜索面；

(c)单索面；(d)单索面加双水平索

有单索面的如德国桥梁专家莱翁哈特（F. Leonhardt）博士所提葡萄牙特茄河桥，其设计主索是单索，但吊索仍是双索面。第二次世界大战后建成的日本大阪北港联络桥，中孔300米，是典型的单索面悬索桥。一般的管道桥过河的仅有一根或几根集索的管道，在竖向或横向的刚度都不够，于是在垂直方向用单索面悬吊之外，左右用水平方向的索绷紧管道，成为单索面加双水平索的悬索桥［图100（d）］。

从原始索桥起到近、现代悬索桥的发展过程中，悬索和吊索还有很多种创意和变化，目的只有一个，就是要改变悬索桥"软"桥的特性。

举例如下（图101）：

（a）为中国古代索桥，人是走在并列索上所铺的板上，只是索中拉力有限，所以索软。现在采用强力预应力钢丝做预应力混凝土薄板悬索桥，除了能做人行桥外，亦能行走汽车。桥式还在发展之中。

（b）式便是各种加劲梁的近代普遍应用的悬索桥，已经可以行走汽车和火车。

（c）式是悬索桥在发展过程中曾经用过的用刚性桁架作为悬索桥的主"索"，桥如倒转过来的桁架拱。只因为主"索"太重，头重脚轻，该式已经被淘汰不用。

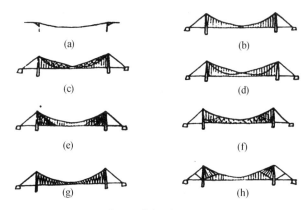

图101　悬索桥各种改进

（a）直接行走于桥面的悬索；（b）现代普遍应用的悬索；

（c）刚性桁架做悬吊主索；（d）双索悬索；

（e）悬索加辅助斜拉索；（f）悬索做加劲桁上弦的一部分；

（g）斜吊索；（h）斜拉索和悬索结合

（d）式是错开的双索悬索桥，能够得到一些额外的刚性，只是增加了施工困难。

（e）式是斜拉桥和悬索桥的组合，19世纪在美国的布鲁克林桥实现。这是一种有发展前途的桥式，目前虽然存在着一些结构和施工中的困难，却还有桥梁专家继续不断地在研究解决。

（f）式亦是曾经研究和建造过的桥式，扩展加劲桁梁到大部分的索底，已经几乎是座桁梁桥，目前已不主张应用。

（g）式是英国式悬索桥，塞文河和亨伯河上悬索桥的布置，吊杆用斜向而不用并行的垂直吊杆，已经成功地建成了好几座桥。

（h）式是另外一种斜拉索和悬索的结合，是美籍华人林同炎先生为地中海出口直布罗陀海峡跨海工程提出的一个方案。

可以得出结论，现代桥梁已是丰富多彩，不断地在改进、创新，以适应日益增长的需要。不论梁桥、拱桥、斜拉桥、悬索桥，在各自领域里都推进了一大步。

在21世纪，未来的桥梁已经在20世纪内酝酿。科学技术的发展，新的桥梁将使人更为惊叹。

桥梁基础

在进入未来桥梁世界之前，需要完整介绍一下关于桥梁的知识。到目前为止介绍的都是桥梁水面以上看得见的部分，桥梁界分类称之为"上部结构"。桥梁的上部结构是最吸引人的部分，人人可以对之评头论足，发表看法。水中和河床下实际支承桥梁的基础，分类称之为"下部结构"。下部结构基础部分，除了造桥的人明了外，默默无闻，不为人知，却负担着全桥的力量。桥梁站不站得住、站不站得久要看基础打得扎实不扎实，所以基础工作是非常重要的。

地基地质

桥梁基础着落在地壳表面，建设桥梁基础的复杂问题需要摸清地基地质。地质又是一门大学问，称作地质学。要去弄清地壳的形成、发展和变化，已经超出了桥梁的范围，不过桥梁工程师仍旧要求懂得工程地质和地震地质。

工程地质便是支持工程建筑物的地质特性。譬如说，一定要了解岩石、沙土和黏土的分类，以及各种混合土壤的物理和化学性能，特别是物理性能，能承受建筑物的力量和因此而发生的变形的原因和变形量。

地震地质是地壳变化产生地震时，地震波动在地质中如何传布和可能发生的地震破坏现象，如地裂、液化、滑坡、沉陷、移动等的震害引起建筑振动、变形，甚至破坏或坍桥，并找出防止的办法。

1976年中国唐山大地震和1995年日本阪神大地震震坏了不少桥梁，是最近的两次大地震。笔者曾于唐山大地震后亲历抢修。桥梁设计要分别所在地地震级别，建桥处地震地质性能，按照规程和先进的计算和模型试验，确定桥梁的设计。这也是一门大学问。

近现代在桥梁工程中取得的成功和失败的经验，已经有了一整套桥梁基础形式以保证支承其上部结构。

桥梁基础的形式取决于施工工具和施工能力，施工能力表现为能够进行施工的水深深度和跨越能力（即某种桥式的最大可能实现的跨度），这是衡量桥梁科技水平的两大指标。各个时代不同，能达到的水平也不同。

桥梁基础形式

桥梁的基础种类很多，基本上分为两大类型。直接置放在基底土壤或岩石上的称为扩大基础。扩大基础埋入深度有深有浅，便显出施工的技术高低。中国有名的石拱桥，河北赵县安济桥（赵州桥）石拱基础，20世纪80年代通过钻探测定是浅挖，并直接放在沙质黏土上的扩大基础（图102）。因土质很好，并且桥台后部用填土顶紧，所以经过多次地震桥都没有问题。

第二大类型是桩基础。古时候用木桩打入土层，木桩粗者直径达到半米左右，很多人甩拉铁夯锤打，细者只有10厘米以下，一个人用木槌便可击打。木桩有的打入土层，有的打到土层下的硬层或石层。前面一种靠摩擦力受力，叫作摩擦桩。后面一种靠桩尖支承力受力，称为柱桩。南方有很深的软土地

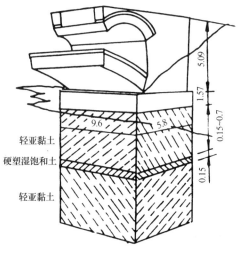

轻亚黏土

硬塑湿饱和土

轻亚黏土

图102　中国赵州桥石拱基础

基，古代桥工采用细直木桩，大小深浅错开，梅花式排列，打入土中挤紧土壤，是属于土壤加固桩（图103）。

造桥处河流必然有水。北方一般山区的河流，冬天几乎无水，夏天则洪水泛滥，所以都在冬天修桥，古书上称为"水涸（枯）成梁"。

若是冬天水不完全干涸，就地取材，用河中土石，修筑堤防，使半条河流有水，一半河流无水。先修半座桥梁，完成后，改变为另一半无水，再修第二个半座桥。水深只在3～5米上下，取决于筑堤的工具和能力。这一方法直到今天还在应用。

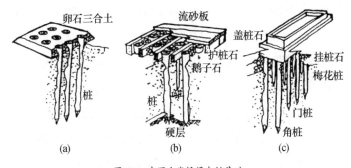

图103　中国古代桥梁木桩基础
（a）摩擦桩；（b）柱桩；（c）土壤加固桩

三峡大坝的修筑，便是筑堰先修半坝，然后再围修另半坝，只是水深十数倍于古代。

南方水网地区，河道纵横联系。为要修桥，可以把河在桥墩上下游做坝截断河道，用龙骨车车干堰内之水再修建桥梁。或有小河，可在岸上先修桥，桥造成，再把河道改移到桥下。

在没有水的地方或进行人为隔水的地方修桥称作干修法。

江河阔处，冬天水浅，但仍没有条件造大堤坝隔水，只有在桥墩周围局部隔水做堰，在堰内施工。中国清代修建江西万年桥联拱石桥桥墩时，就使用两道防水的方法，外圈用土袋堰改缓和降低水流，堰中再用"木柜"填黏土成为第二道防线。木柜是预先做好的一格木笼嵌入河底，堰内抽水比堰外低，柜内抽干见河底再打木桩铺砌石墩（图104）。虽如此，水深也不过5米。名义上是在水中修墩，称作"水修法"，实际上还是干修。可见材料、工具限制着技术，在水里修基础是很不容易的。

近代修桥基力量便大得多了。如钱塘江桥也是趁浅水时施工，水深不过10多米。先用打桩船把木桩打入河底以下6米多，打到石层，再趁浅水时把预先做好的基础放到河底，基础底下有一间整面积大的工作室，通过压入高压空气，把水赶出室外，人在室内挖土。这种方法称作"气压沉箱法"（图105）。桥墩靠不断加高的重量压进土层，遇到预先打入的木桩头，清理好后往沉箱工作室里填上混凝土，人员都撤出，桥墩就完成。工作人员在高压空气中工作不能超过35米

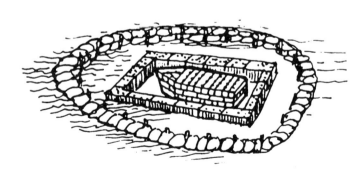

图104　中国清代水中修桥墩

水头压力，否则要得沉箱病。气压沉箱法的基础，建深水带基础埋入深不超过35米。此法虽然也在水中修，靠压缩空气排出水，所以还是"干修法"，不过性质已完全不相同了。图106为法国某桥气压沉箱工作室中工人用射水吸泥及挖放石碴等操作情况，深入地底30多米。

第二次世界大战以前，用气压沉箱法施工桥梁"深"基础十分普遍。对沉箱病的原因也弄清楚了，原来在高压空气下，空气受压溶解在血液中，当突然减压时，立即恢复气体状态，容

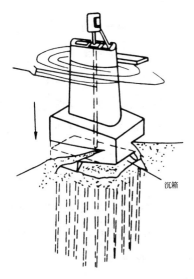

沉箱

图105 气压沉箱基础

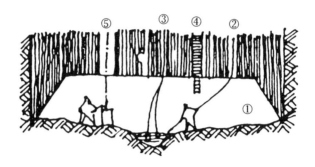

图106　气压沉箱工作室中操作
①高压工作室；②射水管；③吸泥管；
④通气闸管道；⑤输送碎碴通道

易造成血液循环的堵塞。解决的办法是慢慢降压，让压溶于血液中的气体，慢慢汽化，通过肺部排出。

　　第二次世界大战之后人工操作的气压沉箱逐渐废弃了，改用自动化排土装置和水底电视监视操作的气压沉箱，只有在少数情况下工人才进入沉箱修改和做辅助工作。最大的革新是完全不用气压沉箱法施工。

　　武汉长江大桥施工的时候改用管柱基础（图107）。武汉长江大桥水深最深处约20米，石层又深埋在河床以下20多米。如采用气压沉箱，一方面有些桥墩埋入太深超过了允许工作压力，另一方面则已找到不用工人在水下操作的方法。其方法是用水上驳船拖运钢的骨架放入水中，四周打一圈钢板桩，围

　　　　　　　　　　世界桥梁趣谈

成一个围堰，在围堰里面靠导向架打入直径1.55米的预制钢筋混凝土管柱。用钻机钻入石层，里面填上混凝土。在钢板围堰里，管柱之外亦填水下封底混凝土，结硬后和钢板桩围堰结合成圆桶形。抽水，在围堰里灌注墩身出水面。拆去钢板桩围堰和其撑架，桥梁下部结构便完成了。武汉长江大桥大量预制管柱施工法在当年是一个创举，国外亦多改进采用。

到了南京长江大桥，水深达35米左右，又改用了浮运沉井的基础形式（图108）。先用钢造成船体一样，但是有井格的浮体，浮到桥位，控制好位置，灌水下沉落底。然后，一方面

图107　管柱基础

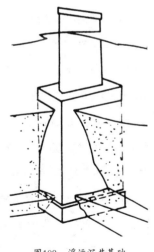

图108　浮运沉井基础

在沉井格内填混凝土，一方面接高，另一方面在沉井里吸泥下沉。在沉井顶上接有钢板桩围堰，伸出水面。当沉井已落到河床下硬层或石层后，清基，填沉井内封底混凝土。钢板桩围堰内灌注承台、墩身，拆去钢板桩围堰，桥梁基础就造成了。南京长江大桥建墩身和沉井基础高约80米。除了个别情况下潜水检查以外，没有水下作业。

武汉长江大桥用Φ1.55米管柱时，中苏桥梁技术专家已经开始研究锁口管柱方案。什么叫锁口管柱？原来做围堰要用钢板桩，钢板桩的两端是一榫一卯的锁口，钢板桩相互之间靠锁口"咬"住共同作用。锁口里会被泥土（或用油脂）堵塞，便不透水。把锁口的道理推广到预制管柱上，便可应用于图109所示的锁口基础方案，既可改进分散的管柱刚度不足的问题，又可把沉井方案化整为零，可以在桥墩位处组拼成不同类型的桥墩基础形式。可惜由于历史原因，笔者提出的这一方法的建议未能在南京长江大桥实现。几年之后，日本采用类似的方法，实现了钢管的锁口管柱，取名为"钢管矢板井筒"，现在已经成为"深"水基础的一种类型。

桩、管柱、沉井等基础需要应用各种不同的大型施工工具，种类繁多，能力强大，很难在这本小册子里一一介绍。不过应该了解到，中国古话说的"工欲善其事，必先利

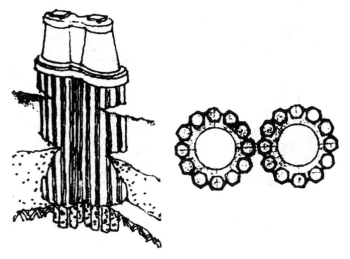

图109 南京长江大桥锁口基础方案（1957年）

其器"，要做好一项工作，先要手段精良，方能事半功倍。

基础的造型亦在不断改进。改进的目的也还是减轻重量，降低造价。譬如说，减小水中墩柱尺寸，减小支承处沉井的大小，就得到图110所示预制钢筋混凝土的钟形基础，吊罩在已打好的河底桩顶上，用水下封底混凝土予以联结。图111所示为另一种形式，钢柱（空心）和方形格式基础一次吊装放置于已打好桩的基桩顶上，格内填入粗砾石，再用压浆管压入水泥砂浆，填充柱内混凝土，成为一个钢壳内填混凝土的桥

图110　钟形基础

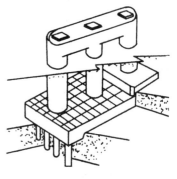

图111　钢格形基础

墩，这桥墩再连接桩基础，使其成为名副其实的扩大基础，这是扩大基础和桩基础的组合。

桥梁基础还有很多种不同的做法，不过，迄今为止的桥梁基础，水深到50米已觉得是很困难和了不起的工程了。

深水基础的进一步发展是由于在海上开采石油而引起的。第二次世界大战之后，各国对资源的需要剧增，除了开采陆上石油之外，发现近海的沉积层中亦有大量油气田存在。除美洲、中东等地在海上开采石油天然气之外，西欧、北欧等地和英国亦在北海开采油气，引起海洋建筑物的发展。海上石油钻井平台分为两种类型，一种是移动式平台，那是用以钻探寻找石油用的。为了避免钻井时平台受海上潮流、波浪的影响，将平台四周活动的柱脚（一般3～4条）落入支撑于海底，之后将平台沿柱脚上升提高离开水平面。一旦钻孔完毕，落下平台到水面，升起柱脚，用船将平台拖曳到新的井位，重复工作，这被称作自升式平台。

当钻井成功，发现有开采价值的油田，便采用固定式平台。平台固定落到海底，在露出海平面的台座上放下钻杆钻进开采。

固定式平台因其作用和所处海域地基地质不同，又可分成若干类型：以作用分为只钻进而不储油的平台和既钻进又储油的平台；以地质分，也和桥梁一样有桩基础和扩大基础两种；以材料分为钢结构和预应力混凝土结构两种。其建造水深自100米以下，到大陆架的边缘地区，水深到300米。图112为英国海库型深水平台，在英国北海油井，是建于水深155米处永久性钻井和兼储油库的深水预应力混凝土平台。图113所示，美国研究的屈立泡特（Tripoid，三腿）型不带储油库的预应力混凝土钻井平台，水深可达300米。

英国北海福蒂斯油田钢架带钢桩的塔式平台，水深约128米，只是因为在海水中钢结构寿命短（约30年左右），和开采石油的时间是相适应的。

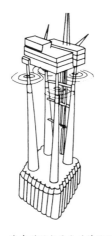
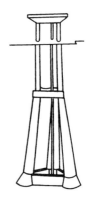

图112　海库型深水平台（兼储油），
水深155米

图113　屈立泡特型钻井平台，
水深300米

　　石油钻井平台利用了桥梁基础的设计施工经验，反过来促进了桥梁深水基础的设计与施工，促进了桥梁事业的发展。20世纪已经结束，桥梁将步入21世纪未来的时代之中。

世界桥梁趣谈

五、未来的桥梁

未来的桥梁须从几个方面进行探索，不是随心所欲，想入非非，做没有科学根据的预言和推测，成为永远是梦想、幻想的空头学问。

须从哪些方面去探索呢？

首先要探索的是"方法"，就是合乎科学和逻辑的思想和操作的方法，才能避免胡思乱想。

其次是"需要"。看桥梁建设今后有哪些实际的需要。牛郎织女渡鹊桥过银河，唐明皇驾虹桥入月宫这些都不是真正的需要。

最后是从哪些具体内容去创造未来的新桥梁。

这三个问题都是互相关联的。第一个方面提出方法，第二个方面提出要求，第三个方面提出具体措施。至于后果，就是说未来的桥梁是怎么样的，我们只能推测至最近的将来。更远的未来，就像古人想象不到今天一样，是说不准的。

用什么方法或循什么道路能推进桥梁的事业，进入未来桥梁的世界？笔者曾经归纳出四个创新的具体道路，即：总结改进，推陈出新，旁搜博览，效法自然。这四个方法不但桥梁事业能用，任何科学技术的进步都能用。

总结改进

历史的进步基本上都是逐步积累起经验，一点一滴改进而成。即使有些变化看起来好像突然，仔细追查，都已经酝酿好久，某一个条件成熟，促使产生突然的质变。

所有的事物总是存在着优点，同时存在着缺点。世界上没有百分之百完美的事物。所以，每当一件事做完，便要认真地做总结，找出成功和失败的地方。总结成功的经验，克服失败的错误，提出改进方法。若干次以后积累起多次的改进，便可得出全新的设计来。

举桥梁的实例。譬如斜拉桥，我们已经知道人类曾经利用过斜拉索增加梁跨。先有稀索，总结改进得出密索。先用钢，慢慢用预应力混凝土薄板。克服了索、梁风振问题，越改越完善。

总结改进不但自己要做，也要替别人做。譬如说，接受一件工作，首先要广泛地收集已经做过的同类工作的事实，看看有什么经验教训可以吸收。要有志气，不要抄袭别人的老一套，要做得和别人不一样，要高一层，当然新的创造就出来了。

即使是小桥也有文章好做。过去的小桥多用多孔简支的梁桥，两岸设桥台，和路堤相隔离，桥管桥，路管路（图114右）。其效果是车子过桥有缝就跳，特别是桥和路接头的两条缝，因为软硬不一，跳得更厉害。大家习以为常，不觉奇怪，好像理该如此！经过几十年的细节改进，换过不少方法，现在美、加、英等国正在发展一种称为"整体桥"的构造（图114左）。梁用没有断缝的连续梁，两端顶住路堤，两

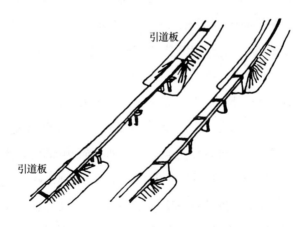

图114　小桥发展（左：整体桥；右：多孔简支梁桥）

头再各用一块较长的引道板，和混凝土路面相接。桥嵌固在路中，使得桥简单、便宜和施工方便，桥、路浑然一体。

总结改进的实例天天碰到，举不胜举，只是要求是在真正的科学态度上解决问题，不是为了"标新立异""哗众取宠"，那才是实事求是的。

推陈出新

就桥梁论桥梁，古往今来已经出现过不少非常特别的桥，某些似乎早已被淘汰，某些现在正在兴盛时，似乎已经发展到了极限。我们回头看看，发现很多现在已经不用了的老的概念，或者认为有严重缺点、现在已经不适用的桥式，原来不过受时代的限制，只要采用近代科学技术，又可以活跃起来。

例如中国古代索桥，人、马行走在索面上。因为索面太软，后来才有悬吊在主索加劲梁桥面的悬索桥。预应力混凝土出现之后，1958年德国工程师为土耳其设计跨博斯普鲁斯海峡桥时曾经提出过用预加应力的混凝土薄板，强力拉紧于两岸锚台中间用伸臂桥墩支承的"薄带桥"（图115）。当年技术还不够成熟，50多年过去了，世界上已造成多座人行和公路的薄带桥。这一技术还在发展。

不论中外，很多古桥上面都有桥屋，这样桥梁就不仅是通

图115　土耳其博斯普鲁斯海峡薄带桥方案

道，甚至还是集市或居住的地方。中国湖南、广西的花桥就与桥头的村民集体生活分不开。

湖南醴陵渌江桥、四川成都灌县南桥、广东潮州湘子桥等，桥上道路两旁设店摆摊经营，百货齐全，土特产为最，还有卖海外来的百货珠宝，甚至"豆腐、凉粉、点心、烧饼、馄饨、面馃"诸般熟食小吃。

还有英国伦敦泰晤士河老石桥，桥上在中间驿道两侧，17世纪曾布满了三四层的居屋店铺，甚至还有教堂磨坊。曾几何时，因为车辆越开越快，观念更新，桥上不主张有廊屋了。

现在的观念又开始变回来了。由于城市发展，土地开始不够用了。市场经济的社会到处讲商业和利润，当然也相当注意城市的环境和绿化。现在倡导一种"生活之桥"，给老的概念赋予新的生命。

我们再来看看英国伦敦泰晤士河上新的站场桥的设想。桥的结构是上承拱桥，桥面上有曲线形薄壳实体的和透明的顶盖，桥上是火车站场。

英国建筑师又为伦敦泰晤士河设计了一座"公园桥"。这是一座一岸有塔的斜拉桥，塔中培植保护的热带植物，并有旅店、商店、音乐厅以及社交活动场所，桥上则有波形顶盖的绿带，另一端则是温室花房（图116）。

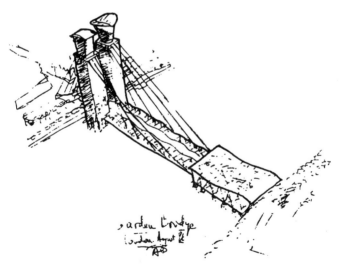

图116　英国伦敦公园桥

　　　　　　　　　世界桥梁趣谈

丹麦ＣＯＷＩ公司为我国台湾地区设计了一座"生活之桥"。斜拉桥跨500米，塔高230米，包括天线在内高460米。塔中居住面积达20万平方米。

"生活之桥"充实了城市桥梁新的内涵，可是这一概念是再老不过的。

旁搜博览

一个时代的风格是总体性的，好比建筑用大门窗或玻璃幕墙，则汽车玻璃以至眼镜片都是大面积的，因为同一时代的事物互相影响，互相学习，共同前进。

桥梁又是系统工程，包括着土木、机械、电气等各项工程，车船、信号、通信等各种设备，舒适、安全、耐久、环境保护等各类要求，材料、技术、工具等各方面的进步。所以要求桥梁界人士要知识广博，留意着社会上各种科学技术的进步，将之吸收到桥梁建设中去。

最大的变革是材料。材料一变，结构形式、施工技术全部都变，桥梁的跨越能力就提高一步。如由自然材料的木、石、藤、竹，变为钢铁、混凝土，变为耐候（不易锈蚀）合金钢、镀锌冷拔钢丝等。桥梁从古代进入近现代，未来的桥梁依靠着材料的进一步革新。

从航空工业，桥梁可引入铝合金有色金属。

从航天工业，桥梁可以引入纤维塑料钢，各种夹层结构。

从陶瓷工业，桥梁可以引入微晶玻璃、轻硬质陶瓷等用于修建拱桥。

英吉利海峡征求跨海工程时，英国化工公司（ICI）和美国化学公司（杜邦），联合建筑公司提出新材料的桥梁设计（图117）。桥用管形梁悬索桥，造型一点儿都不好看，封闭的大圆管子里走多层汽车，行车通风都不好。然而结构用新材料称"凯夫拉"，在与钢同样重量下，强度是钢的6倍。该桥采用聚脂加劲水泥（称为"酯化处理水泥"）做桥面板，同样强度而仅有常用材料1/4的重量。管子梁外壁用"壳体混凝土"，比钢的强度稍差一些，但是重量只是钢的1/3，并且耐酸抗腐，强度又大，重量又轻，所以悬索桥跨可做到5000米。可惜步子走得太快了一些，眼前还不能实现。然而英国和美国都在策划研制新材料的结构，如全塑料桥、全玻璃桥等。我们国家也在发展纤维混凝土，简称F. C.。纤维合成材料已经在航天、造船和车辆外壳方面达到了十分成熟的地步，只可惜寿命较短。如果在材料性能、使用寿命和造价方面都有所改进，通过时间考验，未来的桥梁将另有一番天地。所以桥梁的一个可能是从R.C.到P.C.到F.C.的时代。

石油开采海洋建筑领域，从桥梁工程中引进了不少技术，反过来现在的海洋工程正在影响着桥梁工程。特别是跨海峡桥梁、海洋工程的深水基础正是跨海工程深水基础的样本。

军事工程中，海湾战争时推出来的卫星定位技术，就是通过天上几个卫星与地面某点用电波联系，快速确定这一点的十

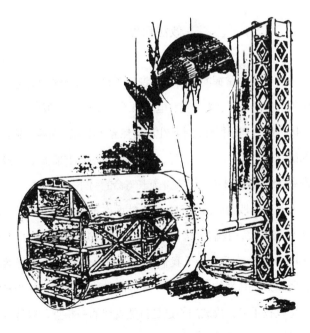

图117　英吉利海峡新材料桥梁方案

分准确的方位和高度，这一技术已经在桥梁的施工定位中起了重大的作用。

在隧道里面，通过激光测量，结合卫星定位，相向可以非常准确地在几十公里的海底相会并打通。所以，密切注意一切领域里的科学技术成就，考虑引用到自己从事的项目中去，是很重要的一条出路。

效法自然

所有人类可掌握的高科技，说穿了是对自然规律有意识、有组织的应用。声、光、化、电、原子、粒子等一切都是自然规律。因为组合利用得好，才产生出自然界所没有的东西，延长人类的感官——耳、目、口、鼻、舌、手、脚感受的距离，以及延长寿命。缩短时间和空间也就是延长寿命的另外一种方式。

人类为已取得的成就而骄傲，然而亦不值得过分骄傲。和自然界相比较，我们所认识和利用的客观规律只是大自然中极小的一部分，而有待于我们去认识的自然界现象多得数不清，所以效法自然的"仿生学"是科学技术的源泉。一个科学家一生孜孜不倦，攻破的不过是自然规律的一小点，只是这一小点对人类的生活影响有大有小，贡献有高有低而已。

桥梁界的科学家们就从自然界去探索桥梁构造。

从自然界的飞（鸟）、潜（鱼）、动（物）、植（物）和山川地理中学习有用的桥梁结构，已经说得很多了。植物构造中学梁、柱，溶洞构造中学拱，藤萝构造中学悬索，花瓣构造中学薄壳。黄蜂、白蛾、燕子的窠，都可以使人在其结构、取材和构筑技巧中学到不少东西。

由于科学技术的发达，学习可以借助于新的工具，深入微观世界，从无机的金相结构到动植物的筋骨、细胞结构吸取其巧妙的布置。

1987年英国和日本各自向世界提出征求未来桥梁的方案，要求有幻想，可以想入非非。大多数的方案从材料的改进出发。英国被选中的优胜者便是从恐龙化石的脊椎和筋脉布局中推演出来的角锥式钢脊椎，以钢椎做筋脉的拱式桥，地点拟想跨越美国亚利桑那州大峡谷（图118）。

在众多动物中，甲壳类中的贝类是笔者从建桥的角度最欣赏的一类。河流和海洋中各种不同的贝类，其外壳千奇百怪，色彩缤纷，花纹异致，大小不一，随着时间而增长，质量坚实，千百年而不坏。奇怪的是其制造者不过是一小团软肉，取材于吞吐的海水之中。迄今为止，人类还不能弄懂其机制，学习它们的方法。曾经有过用钢骨架通静电使之凝结海水中的"材

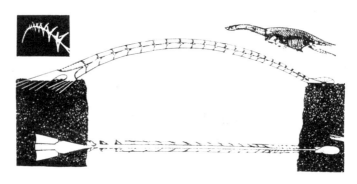

图118　英国恐龙脊椎筋脉拱桥

料"的试验，并没有取得成功，可见贝类的取材和方法，绝不是这样简单。假如能够发明像贝类那样机智、简单的物质设备，放在海中，在海况条件下，取材于海水，"随心所欲"地，以可以控制的速度，建筑桥墩，那就是划时代的大革命。

仿生学是一门最大的活科学，有待于世世代代开发下去。

以上4种方法不过是大概说一说。过去详细的实例，见笔者所著《桥》一书。

哪里有需要?

从古到今，特别是这一个世纪里，世界各国修建过数以千万计的桥梁，便利着交通。然而桥梁受自然界的侵蚀，其材料的寿命也有一定限度。我们会感觉奇怪，古代用天然石料造的桥，只要基础牢固，三五百年不成问题，保养恰当，可以维持千年以上。只要不是地震灾害或人为战争的破坏，寿命更长。说也可怜，现代科技建造的桥梁，国际规定寿命为100～120年。所以，世界上一面在不断地修新桥，一面有大量的旧桥需要翻新改造。

旧桥重建的主要理由是现有人工材料的耐久性不够理想，再有是交通运输的车辆载重在不断提高。火车刚产生时的一辆机车头不及现在一辆载重汽车。汽车是从马车发展起来的，现在大件货物的运输车辆，长达二三十米，轮胎有几十对之多，老桥都承担不起。假定说国际规定100～120年的寿命或发展周期是正确的话，那么，全世界的桥梁是永远修不完的。这一代人有自己要做的事，还要替上几代人做善后工作。

地球越来越小

人类的交通事业日新月异，越来越发达。有个命题说"地球越来越小了"，可以从各个角度做文章。从人口增长角度，觉得地球住不下了，此其一。从交通的角度，数千里之远，早晨出发，下午便到，地球似乎小了，此其二。从通信角度出发，一步都不要移动可以和世界任何一个角落里的人通话和照面，此其三，等等。

我们还是从陆路交通的发展看其趋势。

交通面的铺开

地球上自从板块分裂以后，人类被隔在大大小小的陆地上。

自有历史记载极短的五六千年以来，人们循陆上可通的道路，其间有些简陋的桥梁，跋山涉水，长途旅行，动辄经年方能到达目的地。时在四五百年前，能够远海通航，欧洲发现了"新大陆"，并且有了东西方水上航道。于是，海上航运成了世界交通网的重要组成部分。为了便于海运，打通了两个著名水道，即地中海和红海之间的苏伊士运河，使欧亚之间的海运不必绕道非洲好望角；南美和北美之间，打通了巴拿马运河，使太平洋和大西洋之间的海运，不必绕道南美的合恩角。这两件好事，至今仍沾其好处。

陆上交通工具在不断发展，航天事业在突飞猛进。第二次世界大战之后，有了高速公路和高速铁路及洲际不着陆的空中航线，产生了新的趋势，开辟了新的方向。海、陆、空的交通不可偏废，然而陆上交通仍是主要方向。

陆上交通既包括公路网又包括铁路网。

发达国家和发展中国家首先要解决自身内部的交通网，各自做出四通八达的规划。发达国家中的岛国，如英国、日本、丹麦以及北欧一些沿海多岛的国家首先要改变过去只有轮渡往来的局面，把自己各处用永久性固定式建筑、桥或隧道联结起来。由于世界经济趋于区域化，国与国之间考虑密切的结合，如由于欧洲共同体的经济发展，建造了英法海底隧道。世界市场经济趋向于国际化，因此不断地提出洲与洲之间的陆上交通的发展。欧洲和非洲之间，即欧洲西班牙和非洲摩洛哥之间跨地中海出口的直布罗陀海峡，亚洲和美洲之间，即俄罗斯和美国阿拉斯加之间的白令海峡，都在计划建固定式通道。于是除了大洋洲和南极洲之外，世界上非洲、欧洲、亚洲、北美洲和南美洲在下世纪就有可能坐汽车或火车直达旅行。从好望角陆路直通合恩角！世界上重点的跨海工程有30个，实际还超过这一数字。

就亚洲而言，日本动手最早。首先联结本州和九州，造了关门大桥和隧道，然后联结本州和北海道造了青函隧道，然后联结本州和四国造了三条本四联络线的一系列桥梁。将来的希望是从北海道北联俄罗斯萨哈林岛（库页岛），再在北端联亚洲大陆。南部从九州跨朝鲜海峡联结韩国。于是，日本岛国变成亚洲环海的一道长堤。

在中国方面，1989年12月，国家正在制定第八个五年计划时，笔者在过去研究的基础上，提出了修建自沈阳起经大连、旅顺，跨渤海湾至蓬莱、烟台、青岛、连云港，跨长江口至上海，跨钱塘江口至宁波，经温州、福州、泉州、厦门、汕头、广州（出岔至香港）、湛江、徐闻跨琼州海峡至海口、三亚的沿海高速公路和铁路干线的设想，同时可进行三大海峡，即渤海海峡、琼州海峡和台湾海峡的跨海工程的前期工作。1992年交通部把沿海公路干线（北延至黑龙江同江）纳入规划。渤海湾跨海工程和琼州海峡跨海工程已经在进行前期工作，笔者正参与制定琼州海峡跨海工程的可行性研究报告。

中国未来的桥梁工程将是宏伟旷世和科技高超的。

从综合需要的角度，则大、中、小桥都有发展的要求。各种桥式都有自己向上发展的趋势，要不断改变其合理的经济跨度的上限。

人类造桥，越来越由内陆小溪、沟谷，到大江大河，向海峡发展。

具体发展些什么？

我想中小桥就不说了，不如举些实例看看海峡桥的发展，这是未来的希望。

先说意大利墨西拿海峡（图119）。

意大利在欧洲南部，地中海边上的亚平宁半岛上，还包括西西里岛和撒丁岛等。意大利本土像一只靴子，西西里岛好像一块石头。两者之间素来只靠轮渡联系，也早就想建设桥梁。第二次世界大战以前，已经研究过不少方案，"二战"之后又认真地提了出来，并且正式地组织进行。

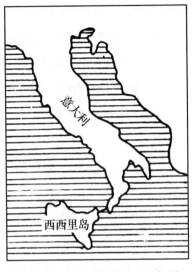

图119　意大利墨西拿海峡（示意图）

意大利"靴尖"到西西里的海峡称为墨西拿海峡。海峡宽约3300米，最深水深120米。历来航海过此，感觉很危险，因为水流急而有漩涡，说是海底有凸起的鞍状大石头所引起的。这一区还是地震区，所以后来桥梁专家都主张修建大跨度的桥梁。从近、现代桥梁的介绍中我们知道，最大的桥跨，美国式的悬索桥是日本的明石海峡桥，1991米，欧洲式的悬索桥是英国的亨伯桥，1410米。要一跨跨过3300米是个大突破，一开始还没有这样的雄心壮志，当时还需要解决很多技术问题，现在已经能够解决。在没有解决以前，曾研究过很多方案。

例如，修多跨桥怎样？可是120米的最深水的桥墩又是另外一个问题。20世纪40—50年代，还没有海洋的深水平台建筑可以借鉴，桥梁工程师想出了特殊和巧妙的方法。墨西拿海峡是全世界桥梁工程师的练兵站。

潜水桥墩桥

必须修中跨度桥，又不想修这么多深水墩，20世纪50年代有人想出一个巧妙的方案，那就是图120的潜水桥墩桥。潜水桥墩桥是利用水的浮力，也许是从游泳池和船舶上的救生圈联想起来的。你们看桥墩就支承在"救生圈"上。

阿基米德原理告诉我们，物体的浮力就等于物体所排出的同样体积的水的重量。假定说在墩上梁的支点力，包括自重8000吨，车重2000吨，我们用一个"救生圈"墩扣去本身和墩架重，浮力是1.5万吨，用锚绳拉系于海底的锚块，其锚块的重力或可抵抗上拔的力。"救生圈"墩潜在最低潮水位和波浪的最低波谷以下，于是锚绳里吃1.5万吨的总拉力，绷得很紧，使潜墩在风浪的作用下毫不动摇。架上了梁，锚绳总拉力剩7000吨。车辆开过时，锚绳拉力变为5000吨，但始终是紧绷着。之后拉力在5000～7000吨之间变化，所以，只要潜墩锚绳中始终存在着足够的拉力，桥便存在。

潜水桥墩桥不能太高，以免风力作用下克服潜墩的横向倾角需要增大浮体。可是桥下通航又要求高桥，这是限制潜水桥墩桥在墨西拿海峡应用的原因之一。

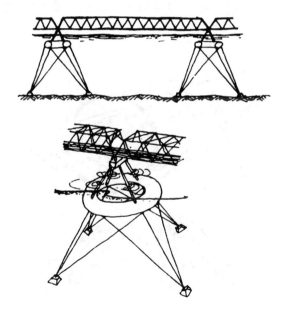

图120　墨西拿海峡潜水桥墩桥方案

半潜式隧道桥

从潜水桥墩桥总结改进，又创造出新的桥式，称为半潜式隧道桥（图121）。原理仍是一个，便是利用浮力。这里的浮力不产生自"救生圈"式的潜墩，而产生于整根预制钢与混凝土相结合的，或预应力混凝土的隧道。隧道潜在水面以下40米深处，每隔一段距离，用斜索拉锚于海底。只要始终保持钢索

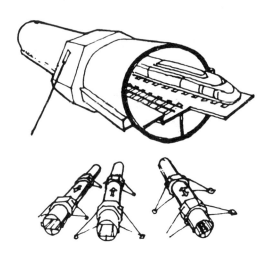

图121　墨西拿海峡半潜式隧道桥

中存在着拉力，桥亦成立。墨西拿海峡曾有单隧和多隧的方案。图121是上行公路、下行公路、双线铁路各有一隧道。之所以称为隧道，是因为整个结构是封闭的，又可称潜水桥，因为每隔一段距离（约200～300米）有一个拉锚支墩。

潜水在40米深处，则船只的通航不受影响，可惜亦有很大的风险。除了材料在水中容易被腐蚀，而修理又不容易，最大的风险是，假如船只在风浪中正好于隧道上面发生海损事故，整根隧道桥便会断裂或破损淹水，不好处理。

自40米深到海底，整个隧道桥桥下是横跨海峡密布的锚绳栅网，影响潜水艇的通航。和潜水桥墩桥一样，万一有一个墩，甚至只有一两根锚绳断裂（锈断或撞断），桥隧失去平衡，梁隧上弯、位移，后果不堪设想。所以墨西拿海峡不想采用此方案。不排斥在条件适合的地方，如冰冻的海峡中，无水下通航的地方或其他情况下，仍然可以考虑隧道桥。有些工程师设想在稳定方向海流的海中，可以建造隧道两端拉住的、弯曲的半潜式隧道桥。此时每个拉锚墩都可以用直索，施工和维修保养都比较简单（图122）。

人们在墨西拿海峡得出了新的创造，舍弃不用，仍不断地从桥梁构造上去创新。

曾经有过850米+1750米+1750米+1000米的四孔连续桥的方

案。两个小孔在岸上，中间两个大孔共3500米跨过海峡，桥的中间墩在约120米深的水中。从梁部结构看，已经有1991米的悬索桥，1750米应该是没有问题，只因为是公铁两用桥，还只有香港青马桥1377米的新纪录，造1750米还需研究和努力。从桥墩看，已有155米水深的石油钻井平台的纪录，120米水深亦应没有问题。只是孤耸在海中间的大桥墩，船舶碰撞十分危险，最后决定一孔跨越。

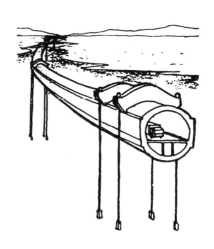

图122 弯曲半潜式隧道桥

3000～3350米悬索桥

政府的决策者和世界上知名的桥梁工程师们都倾向于一跨跨过海峡，造3000～3300米的悬索桥。从20世纪50年代起，为墨西拿海峡提出的3000米以上桥跨的方案可不少，各种各样的桥式中，总是倾向于比较简单的、刚度大的、变形小的、合理而经济的方案。

墨西拿海峡交通量要求，是6车道公路和双线铁路，总宽约在40米左右。当桥跨增加到大于3000米时，横向的刚度便觉得不够了，加宽就意味着增加没有用的桥面。桥跨越大，一般悬索桥两根主索直径就太粗，施工比较困难。于是图123所示的方案是4根主索，2根桥面梁，4个桥塔，实际上等于是两座并列的悬索桥而把梁在横向用横梁连起来，使两桥并为一桥。桥式经过静力和动力验算，都能够通得过。但结构布置上不够理想的地方是塔多了，铁路线布置不太合适。此后进一步研究得到图124的方案。

新方案桥跨为810米+3300米+960米，也是4根吊索，只有两个桥塔。桥面有3道流线型的梁，中间梁走双线铁路，两侧梁各走3车道公路，吊索面外是人行道。梁和梁之间的空当设置

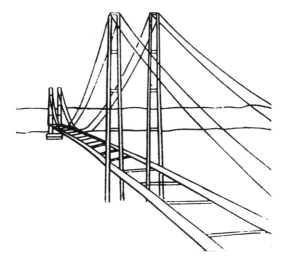

图123　墨西拿海峡3000米悬索桥方案

图124　墨西拿海峡3300米悬索桥方案

　　　　　　　　　　　　　　　　世界桥梁趣谈

开格路面，就是空格的透风桥面，此上仍可行驶保养和救护的汽车。如此桥面的整体性更好了，横向刚度更大了，静力和动力的性能亦更改进了。总算找到了最满意的结论。方案已经批准，正式设计详图，预计1999年正式发包施工，但未能如愿。

这是一座21世纪的桥梁，建成后将打破1991米的世界纪录。

墨西拿海峡桥曾经有过海底隧道的方案，价高不用。世界桥梁界的创造力和注意力转向另一座海峡。

直布罗陀海峡

欧洲和非洲之间以地中海为界，地中海的出口是直布罗陀海峡（图125）。海峡之北是西班牙，海峡之南为摩洛哥。在海峡之东，地中海里便是意大利墨西拿海峡，海峡东北便是英法之间的英吉利海峡。英吉利海峡已经于1994年用海底隧道连通了，对发展欧洲共同体的经济起到很大的作用。直布罗陀海峡工程对欧洲和非洲的陆上联系

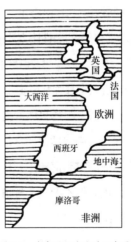

图125　直布罗陀海峡（示意图）

将非常重要，能促进非洲的发展。

自1979年起，西班牙、摩洛哥两国开始合作进行可行性研究。两国设立了专门机构，对海峡的自然条件做了多次详细的一片一片的调查研究，然后多次开国际桥梁会议，吸引着世界各国桥梁和隧道的权威提出跨世纪工程的方案。

海峡东西长约87千米，南北宽窄不同，水深亦不同。研究人员在海峡中选择过不少可行的线位，比较合适的线位是东、西两线。倾向性较大的是东线自西班牙的肯拿莱斯角到摩洛哥的锡尔莱斯角，海峡宽14千米，是直布罗陀海峡的最窄处，最深处达950米，但中途水下有暗岛，水深480米。西线自西班牙的帕洛马角到摩洛哥的马拉巴塔角，海峡宽26千米，最大水深300米。可见直布罗陀海峡的条件比上述海峡更为严峻。海峡窄处水深，宽处水浅，这是一般规律。说是水浅，却是300米（图126）！

桥梁工程师和隧道工程师们对此各显神通，互争上下。

隧道工程师自然取海水较浅的西线，采用各种不同的隧道方案，其中包括墨西拿海峡所创造的半潜式隧道。还有搁在海底的或深挖到海床下石层中的隧道，因为超出本书的范围，不多讲述。但不要认为隧道一定不好，跨过大海峡，隧道是必须研究比较的方案。

桥梁方案曾经研究过多孔2000米的悬索桥及多孔3550米的

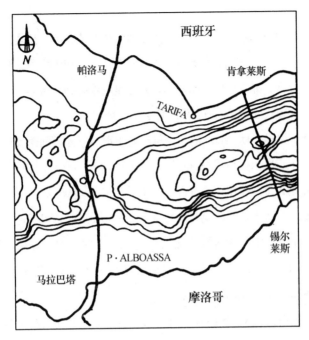

图126　直布罗陀海峡东西线位（示意图）

悬索桥。这两个方案都走西线，桥长而造价高，且有好几个桥墩水深达300米，于是后来集中研究东线。

东线造桥，桥跨2500米+5000米+5000米+2500米，桥塔高出水面646米，中间一个桥墩水深480米。于是，从基础底到塔顶共高1128米。世界上还没有这样高的建筑物，也没有这样大的桥跨。

丹麦COWI公司替5000米桥方案设想的透视图，桥塔已不是一般的门式直塔，而是四柱A字形塔，梁部和墨西拿一样是双箱分开，如为公路铁路两用，则亦是三梁并列，悬索系统仍和近、现代的常见的方案没有什么不一样。

桥梁界都期待着新的高强材料的出现，一如前面谈到英法海峡ICI和杜邦公司的5000米新材料桥一样。可惜新材料要达到成熟和普遍使用，造价合理，还需有相当长的时间。工程师们发现，适当地调高现有钢的材质，做5000米的悬索桥是可能的，不过，需要从结构系统上做进一步的改进，使悬索桥更加坚韧和抗风抗震。在众多革新方案之中，一个比较突出的方案是林同炎先生所提图127的桥式。

桥塔亦是A字形门式，但是从桥面处斜向上伸出左右的伸

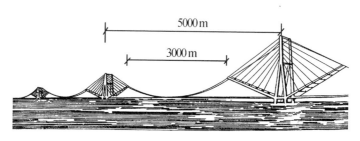

图127　直布罗陀2×5000米悬索桥方案

臂。伸臂采用斜拉系统用拉索拉到塔上，于是就使约1/3左右的靠近塔的部分是斜拉桥，从斜撑下用吊杆吊住桥面。中间部分是悬索桥。因此这是一座斜拉桥和悬索桥的组合，悬索桥跨实际上仍只有3000米左右。

我们仔细温习一下几个海峡桥曾经提过的方案，甚至更早一些如英国福斯路桥伸臂桥的方案，不难发现，林先生的设想是总结改进和推陈出新的结果，发展成为耳目一新的世界超大跨度悬索桥。

网状5000米悬索桥

推陈出新时想到了中国西藏的藤网桥（图29）。中国古代悬索桥的桥式中还有可以发掘的素材，网式索桥便是其中之一。美国费城大学建筑研究中心早就做过模型试验，研究网状桥的结构机制，借助网状桥把悬索分散的特点结合预应力混凝土，把钢丝索网用混凝土包起来，中间部分的梁用预应力混凝土。上层是公路，两侧为绿化（生活桥），下层是铁路。这可说是一座从未出现过的桥。

这座桥的设想还不够成熟，若不采用新材料，可能重了一些。问题已经提出来了，亦吸引了一部分桥梁工程师做深入研究，看能不能在直布罗陀海峡跨海工程中取得胜利。创新的步伐充满艰难困苦，然而是乐在其中的。

直布罗陀海峡东线480米水深的桥墩，好在地基是岩石。采用海库型深水平台（图112）基础的做法是完全做得到的，事实上桥墩的构造和施工方法也已经设计出来。

5000米跨度桥的中间墩防止船撞的措施问题，亦正作为专题研究，提出不少有趣的办法来。

国外很多海峡跨越桥梁的探索，给予中国的海峡跨越工程很好的参考价值。中国的桥梁界有志气有能力做好自己的事。现在不妨介绍一下中国的三大海峡跨越工程的情况。

渤海海峡

严格地说应是渤海湾口，北面是辽东半岛，南边是山东半岛。两地之间从来只有海运，陆路交通需绕道北京、山海关、锦州，方能到大连、旅顺。华北到东北，必须绕道千里。

公元前219年，秦始皇统一天下后，东临渤海，望见海中岛屿连绵，海天一色，远处便是辽东，却起雄思，想造石桥过海，其间还有段神话故事。恐怕秦始皇是中国，甚至是世界上第一个做跨海工程梦想的人。1896年8月，清代大学士李鸿章出使英国，参观了当时刚建成的苏格兰福斯海湾桥，当时便赞赏工程伟大，说中国的渤海湾望不见边，他年如能建桥而过，当超过眼前的这个工程。

渤海海峡宽约120～145千米。自旅顺老铁山侧，跨约45千米的老铁山水道，至庙岛列岛的北隍城岛、南隍城岛、北长山岛、南长山岛等大小岛屿，到山东半岛的蓬莱约75千米。总长约120千米。列岛之间，水深不过20～30米。老铁山水道平均水深35米，最深处约60米，大部分石层浅露。老铁山航道可进出国际船只，通航要求比较高。以现代水平来看，完全可以修建固定式跨越工程。庙岛列岛，可以跳岛造桥。老铁山航道可以采用海底隧道或低桥、隧道、低桥的桥梁和隧道结合的方案。隧道部分（不用半潜式）的海面，可顺畅地通航大船。

假如从旅顺联结烟台，海面则宽145千米。如造桥隧，造价高出许多。现有建议是建造火车轮渡，那只是临时性的过渡措施，不是长久之计。

琼州海峡

从黑龙江的同江到海南岛的三亚最南端要跨越琼州海峡。

海南岛是中国的第二大岛。公元前111年，汉武帝平南越时，得海南岛。次年，设珠崖、儋耳两个郡。唐朝时户口大盛。宋朝起，琼州海峡北部称雷州，南部称琼州。因为地在中国的最南端，又因那时交通不便，海南气候炎热，风俗习惯不一样，所以很多中原有名的人物被贬官到海南。唐朝的宰相李德裕，宋朝的李纲、苏东坡等5个名士都到过海南，明朝有名的清官海瑞就生在海南。经过几百年的开辟，海南岛物产丰富，百姓开化富裕，明朝时已比作南国的苏州、杭州。

改革开放之后，1984年邓小平同志说："我们还要开发海南岛。如果能把海南岛的经济迅速发展起来，那是很大的胜利。"海南就成为中国最大的经济特区。1988年海南建省，直到现在，海南的经济仍以高于国内的平均速度在发展。

发展特区的经济要靠海陆交通。市场经济的方向是立足国内，走向国际，或者说背靠大陆，面向海洋。海南省的三亚既然是同（同江）亚（三亚）国道主干线的终点，那么，跨过琼州海峡的跨海工程（固定式）是迟早要修的。

从文字上看第一个想跨琼州海峡造桥的是明朝海南人鲁彭。他在《问海赋》里写道："奋精卫以衔石兮，恨津梁之无期。"就是说，恨不得像传说中的精卫鸟一样，每天衔了石子填海以造起一座长桥（堤）。可惜这个日子是遥遥无期！

1984年，已故王震将军曾在海南岛说过，周恩来总理生前曾有在琼州海峡建造隧道的想法。陶铸在广东曾经做过一些两岸的钻探工作。自1984年海南成为经济特区之后，话题重新变为热门。"九五"规划中，同亚线成立，琼州海峡是绕避不开的工程。1994年，国务院领导为了建设这条通道，曾召开了广东、海南两省会议。后来，广东、海南两省交通厅，委托广东虎门技术咨询公司进行可行性研究工作。国外近年的惯例，这样的工作便是委托给技术市场中有经验的咨询公司来承担。笔者因为从事桥梁事业40多年，且对跨海工程有所接触，便受聘作为专家，开始为实现伟大的事业出一把力。

琼州海峡东西长80.3千米，南北平均宽29.5千米。海峡中50米等深线以下深水槽东西长约70千米，平均宽10千米。平均水深70米的深槽，长约51千米，宽约7千米。最深水深160米。在海峡的宽度上，比直布罗陀为宽，深度上比直布罗陀为浅。然而海峡之中，深300米，甚至700米以下都探不到石层，地质上就要比直布罗陀严峻得多。

具体到桥梁的跨越方式，到底琼州海峡用什么跨越方式，正是下一步重点科研的题目。图128是笔者1986年在国际桥梁会议上发表的极粗略的初步设想，是多跨2000米左右的连续悬索桥，这不过是个开端。

是桥还是隧道？还是桥隧结合？这只能留待工程可行性研

图128 琼州海峡跨海工程设想（1986年，笔者）

究的最后阶段，国家立项招标以前才能决定，现在还有广阔的天地让大家去思考和发表意见。

台湾海峡

中国桥梁界最宏伟的目标是台湾海峡跨越工程。

台湾岛是中国第一大岛。1948年笔者大学毕业时去过台湾地区旅行。山川美丽，物产富庶，现在更起了很大的变化。当年，笔者曾循台北，到台中、嘉义和台南、高雄，这段经历对今日设想台湾海峡跨越工程有些帮助。

台湾海峡东西宽约140～250千米，南北长约330千米。除了高雄南部有3000米水深的盆地外，峡中平均水深仅50米，没有琼州海峡那样的深水。石层埋藏有深有浅。

笔者认为，从经济发展的角度，台湾地区应北与长江流域的龙头上海及江浙联系，南与珠江流域的龙头广州、香港地区、澳门地区等联系，所以得有两条跨越线路。

北线从台北到新竹，跨约130千米海域到福建平潭，连接福州，接沿海高速公路和铁路北去上海及以北地区，将来还将有沿海的公路和铁路相连通。

南线从嘉义，跨50千米海域到澎湖，再跨145千米海域到金门，再接厦门，南走珠江三角洲。其他线位和方案尚在构思中。

台湾通道的建设，政治、经济、技术等各方面因素很多，特别是政治因素。"和平统一、一国两制"的基本方针，为台湾海峡通道的建设指出了光明的前景。在技术方面，是桥梁，是隧道，还是桥隧结合？亦待我们深入地研究。没有一项工程的结构形式是完满的，都有其优缺点，最后得综合评论，做出相对理想的方案。

因为建设的机会还早，前期工作有足够的时间，所以要着力研究新的材料、新的结构、新的施工工艺的大跨度建筑。桥梁，是3000米、5000米，或则是世界上最长的145千米的海底隧道？

这三座海峡超级基础工程中，渤海海峡是120千米的跨越工程，但水浅，石层高，容易处理。琼州海峡，虽仅20千米，但水深，没有工程上所称的岩石基础，技术要求比较高。

渤海和琼州两海峡都位于同亚沿海干线上，既然线路规划已定，再有几个五年计划，21世纪是可能实现的。

台湾海峡建筑通道，眼前似乎很渺茫，不过已经开始引起了各方面的初步注意。1999年11月19—21日，笔者接受邀请参加了在福建平潭召开的"台湾海峡隧道论证工作会议"，在会上做了"琼州海峡跨海工程现况和台湾海峡跨海工程设想"的长篇发言。这一工程，不必争什么世界第一，自然而然会在很多方面独占鳌头，成为中国长城以外的另一大奇迹。这些伟大的工程绝非几个人、几个单位可以完成，必须群策群力，众志成城。

至于笔者，今已过古稀多年，虽然去日苦多，来日嫌少，不过继续给以机会，将为之努力终身。

结语

古人说："非心坚不转，万古作津梁。"是造桥工作者也好，不是造桥工作者也好，一生中总会与桥梁打交道。面对古往今来、丰富多彩的桥梁（和隧道），怎能不让人对无数的中国外国、有名无名的造桥（隧）英雄产生崇高的敬意？

国家新闻出版广电总局
首届向全国推荐中华优秀传统文化普及图书

‖ 大家小书书目

出版说明

　　"大家小书"多是一代大家的经典著作，在还属于手抄的著述年代里，每个字都是经过作者精琢细磨之后所拣选的。为尊重作者写作习惯和遣词风格、尊重语言文字自身发展流变的规律，为读者提供一个可靠的版本，"大家小书"对于已经经典化的作品不进行现代汉语的规范化处理。

　　提请读者特别注意。

北京出版社